人力资源管理理论创新与实践

RENLI ZIYUAN GUANLI LILUN CHUANGXIN YU SHIJIAN

汪昕宇/主　编
刘凤霞　陈雄鹰/副主编

中央民族大学出版社
China Minzu University Press

图书在版编目（CIP）数据

人力资源管理理论创新与实践/汪昕宇主编．—北京：中央民族大学出版社，2018.5 重印

ISBN 978-7-5660-0607-3

Ⅰ.①人…　Ⅱ.①汪…　Ⅲ.①人力资源管理—研究　Ⅳ.F241

中国版本图书馆 CIP 数据核字（2014）第 000463 号

人力资源管理理论创新与实践

主　　编　汪昕宇
责任编辑　舒　松
封面设计　布拉格
出 版 者　中央民族大学出版社
　　　　　北京市海淀区中关村南大街 27 号　邮编：100081
　　　　　电话：68472815（发行部）传真：68932751（发行部）
　　　　　　　　68932218（总编室）　　　　68932447（办公室）
发 行 者　全国各地新华书店
印 刷 厂　北京建宏印刷有限公司
开　　本　880×1230（毫米）　1/32　印张：8.25
字　　数　210 千字
版　　次　2018 年 5 月第 2 次印刷
书　　号　ISBN 978-7-5660-0607-3
定　　价　36.00 元

序

在当前经济全球化和知识经济时代背景下，企业面临诸多机遇、风险和挑战，培育独特的核心竞争力是企业在复杂经济环境中生存与发展的关键。大量学术研究和管理实践证明，组织和人力资源管理已日益成为企业构筑独特核心竞争力的重要途径。我国企业已越来越重视人力资源管理工作，通过引进和培养人力资源管理专业人才，改革人力资源管理模式，来提升企业的竞争力，但无论是管理模式，还是管理技术等都还有待进一步完善。近年来，西方主流管理理论在我国遭遇了“水土不服”，积极探索中国式管理之路，创新企业人力资源管理的理论与实践，以推动企业管理方式的转变，提升企业竞争力，是管理研究学界的责任与挑战。

北京联合大学从1999年起开始招收人力资源管理专业的本科生，目的是为企业和社会培养人力资源管理的专业人才。截至目前，人力资源管理专业累计招收本科生1500人左右，学校在为企业和社会培养、输送人力资源管理专业人才的同时，也积累了比较丰富的教学经验和资源。为进一步加强人力资源管理理论与实践的教学、研究工作，学校于2004年11月成立了人力资源管理研究所，专门从事企业人力资源管理制度建设、人力资源规划、人员招聘与配置、定员定额、绩效管理、培训开发、薪酬管理、劳动关系管理等管理理论与实践方面的研究。一方面努力将科研与教学相结合，将科研成果应用于教学，以提高专业教学和人才培养质量；另一方面积极为企业的人力资源管理提供科学指导与技术服务，发挥服务企业、服务首都经济发展的功能。

人力资源管理研究所成立至今，已承担多项委办局、省部级及以上纵向科研课题和多项企业委托项目，始终致力于人力资源管理理论创新与实践研究，积累了比较丰富的研究经验与成果。近几年，研究所取得了较快的发展，在发挥服务专业教学、服务首都经济建设、服务中小企业发展的功能方面有了较快提升。2013年6月14日，研究所召开了以“人力资源管理前沿问题”为主题的研讨会，会议邀请了业内专家学者共同就人力资源管理的理论与实践前沿展开深度交流与探讨，在总结已有研究成果的基础上，发现了一些新的研究视角、方法与思路，取得了一系列研究与交流成果。

本书汇集了研究所近期关于人力资源管理理论创新与实践的部分研究成果和研讨会上交流的部分论文，共包含四个部分的内容：一是关于人力资源管理技术与方法的研究，主要探讨了人力资源招聘、胜任特征、薪酬以及人力资源核心竞争力等方面的理论与实践，为企业创新人力资源管理技术和管理方式提供了新的思路；二是人力资源开发方面的研究，主要针对不同群体人力资源开发理论与实践的现状及相关问题进行了分析，涉及高校毕业生的心理资本、知识型员工的培训、基于内部营销理念的人力资源开发，以及农民工在企业中的就业培训问题等，为提高不同群体的人力资本，以满足企业和社会发展的需要提供了一些新的方法和途径；三是劳动关系管理研究，分析研究了人力资源使用过程中的劳动关系相关问题，包括中小企业人力资源外包、劳动争议恶意诉讼的法律规制、劳务派遣制度的完善、私营就业服务机构监管等，为加强劳动关系管理提供了新的管理视角和处理纠纷的方案；四是高校人力资源管理，主要探讨了高校人力资源开发理论以及队伍建设等实践问题，为提高高校人才培养质量和教师队伍整体素质提供参考。上述成果有对传统人力资源管理理论的创新发展，也有对人力资源管理理论与方法的应用性探索，既体现了研究所对人力资源管理理论的深入思考与实践应用，又体现了研究所为促进北京中小企业成长以及北京经济社会发展所做的积极努力，研究成果无论在理论上还是在实际应用上，都具有重要的学术价值和实践意义。

本书的出版一方面是对研究所近期研究成果的总结，另一方面希望以本书为媒介，进一步加强研究所与学术界、企业界的交流与合作，共同促进人力资源管理的理论创新与实践。同时，也借此机会，感谢北京联合大学党委书记徐永利教授、校长卢振洋教授、副校长鲍泓教授、副校长黄先开教授等学校领导及科研处处长叶晓教授一直以来对研究所成长的关注、关心和支持；感谢研究所特聘名誉所长安鸿章教授、中国人力资源开发研究会刘福垣会长、首都经济贸易大学杨河清教授、国家发展与改革委员会社会发展研究所杨宜勇所长、国家人力资源和社会保障部国际劳动保障研究所莫荣所长、北京物资学院李广义教授、北京信息科技大学曲立教授等专家学者对研究所的研究与发展、本书的收集与编写所给予的指导与帮助。

2013 年 11 月

目　　录

第一编　人力资源管理技术

第二编　人力资源开发

第三编 劳动关系管理

第四编 高校人力资源管理

第一编

人力资源管理技术

企业人力资源管理核心竞争力提升路径研究

王宝石

一、问题的提出

从诺斯用“路径依赖”概念来描述过去绩效对现在和未来的显著影响可以自然地联想到，企业组织人力资源管理制度变迁同样具有报酬递增和自我强化的机制。这种机制使人力资源制度变迁一旦走上某一路径，它的既定方向会在以后的发展中得到自我强化。因此，在既定的企业组织人力资源管理制度变迁目标下，要正确选择企业组织人力资源管理制度变迁的路径并不断调整路径方向，使之沿着不断增强和优化的轨迹演进。

企业人力资源管理制度变迁路径选择和调整必然涉及对核心竞争力内涵的理解和把握。本文在论证人力资源管理与企业核心竞争力关系，只有系统化的人力资源管理实践才是企业持续竞争优势的源泉基础上，进一步探讨企业人力资源管理核心竞争力的提升路径。

二、人力资源管理与企业核心竞争力关系辨析

总结学者们对人力资源管理与企业核心竞争力之间关系的分析可知：对企业核心竞争力的培育是企业人力资源管理的实质所

在，塑造企业核心竞争力的重要资源之一是企业的人力资源，企业的核心竞争力和竞争优势是通过人力资源管理而形成的。在此基础上，这里着重强调以下三点：

第一，核心竞争力是企业获取竞争优势的源泉。

1990 年，美国密西根大学商学院教授普拉哈拉德（C. K. Prahalad）和伦敦商学院教授哈默尔（G. Hamel），在哈佛商业评论上发表的论文《企业核心竞争力》中，提出了企业核心竞争力的概念。他们认为："核心能力是组织中的积累性学识，特别是如何协调不同的生产技能和有机结合多种技术流派的学识。" Prahalad 和 Hamel 提出了一个很有价值的概念，但是未对核心竞争力进行清晰的概念界定。对于企业而言，如果没有相应的机制和条件加以支持，核心竞争力将一无是处，毫无价值。之后，许多学者又把核心竞争力的外延拓展到企业的各个方面，包括各个职能系统。如 Mayer 和 Utterback（1993）认为，企业核心竞争力是智能的集合体，是帮助企业开发新产品的基础。企业核心竞争力是指企业的研发能力、生产制造能力和市场营销能力，是在产品创新的基础上，把产品推向市场的能力。

Barn（1991）探讨了赢得企业竞争优势的战略资源特性：有价值、稀缺性、不完全模仿（独特的历史条件、原因不明、社会复杂性）、不可替代性。而人力资源恰恰是这样一种独特战略资源，其难以模仿性、稀缺性、不可复制性、难以获得性使之构成组织的核心竞争力，将为企业赢得持久竞争优势。既然人力资源是如此优异的一种资源，既然人力资源是企业核心竞争力的重要源泉，那么重视人就应成为战略人力资源管理的第一理念。

国内学者对核心竞争力的定义，有代表性的如吴敬琏（1999）认为，核心竞争力是指企业将技术、资本和文化有效整合的企业组织能力，它可以使企业获得长期稳定的竞争优势。张维迎（2002）认为，企业核心竞争力是企业独特的资源和能力，具有“偷不去，买不来，拆不开，带不走，溜不掉”的特点。如比尔·盖茨从一开始就是微软的核心竞争力，柳传志是联想的核心竞争力。

虽然关于核心竞争力的理解和认识存有分歧，但是，学者们在关于核心竞争力是企业获得持续竞争优势源泉的认识方面却是出奇的一致。当然，这并不意味着它本身会自动转化成竞争优势，核心竞争力转化成竞争优势需要靠人来实现。

第二，企业核心竞争力主要来源于人力资源。

有些金融分析师已经将无形资产引入他们的评估模型中，并逐渐提升其重要性，现在分析师们在进行投资决策时无形资产所占比例已经达到30%以上。金融分析师采用的十大无形资产变量，按重要性排序为：公司战略的执行、管理层诚信、公司战略的质量、创新、吸引和留住人才的能力、市场份额、管理技能、报酬与股东权益的一致性、研发领先、主要业务流程的质量。其中至少有七种以上的无形资产是与人力资源相关的。

无形资产的价值需要通过“人”这个载体来实现，因此，企业的核心竞争力主要来源于人力资源核心竞争力，企业任何核心能力都是靠人来实现的，人力资源核心竞争力是企业最关键的竞争力。

人力资源核心竞争力是指企业人力资源管理中那些最基本的能使企业保持长期稳定的人力资源竞争优势、获得稳定超额利润的核心竞争力，是将技能资产和运作机制有机融合的企业自我组织能力，是通过战略人力资源传递机制，通过人力资源各个模块的工作塑造和强化员工的战略性行为，是企业推行内部管理性战略和外部交易性战略的能力。

第三，人力资源不会自动转化为企业核心竞争力。对此，将在后面进一步论证，这里不再赘述。

三、提升企业人力资源管理竞争力是实现企业核心利益的现实需要

对当今许多企业组织来说，人力资源部门在处理组织目标和员工利益时处境尴尬，人力资源部门遭遇不满或反感的可能原因有：人力资源工作者不熟悉组织主体业务。进入人力资源部门工作的人员也许是有头脑的人，但很少是熟悉组织主体业务并且具有商业头脑的人；人力资源工作者对过程的关注高于对其工作价值的关注；人力资源工作者重规章、轻变通。员工形形色色，各不相同，人力资源工作者却力求标准化和一致性。他们既没有勇气去打破规章制度，也不愿费力气去灵活变通。

这里借助于哈佛商学院教授米尔斯运营企业三层境界的描述，可以将人力资源活动区分为三个层次：第一层是人力资源相关处理活动，是制定并且执行人力资源管理规章、制度、标准、程序等；第二层是人力资源管理活动，是要有效率地取得成果；第三层是人力资源管理的领导活动，是设定愿景并且激励员工为之奋斗。这三层境界，虽缺一不可、互为补充，但是仍有高下之分。中国绝大多数企业，大都处在“人力资源处理”的境界上，人力资源工作不外乎是处理员工的考勤、休假、绩效评估、薪酬、劳动关系等，以规章为本，重程序和规范，轻价值和结果。

我国企业在人力资源管理实践过程中，一是急功近利倾向严重。如在未系统考虑企业自身发展战略、所处发展阶段以及内外部环境的情况下，盲目引进人力资源管理技术，头痛医头，脚痛医脚，结果往往是治标不治本；二是大多数企业更多地将注意力放在了具体操作层面上，而对一些重要问题考虑不够。如人力资源管理的根本目的、如何用系统化的思维建立人力资源管理体系？人力资源模式如何？人力资源管理者应具备哪些素质；三是

企业对人力资源的投资由于收效甚微而日趋谨慎，甚至有些企业开始质疑人力资源管理的价值；四是人力资源部门离“战略伙伴”的愿景仍旧遥远。

显然，我国企业的人力资源管理者必须认识到：单一的人力资源职能或与企业战略没有衔接的封闭人力资源体系，是不能有效支持企业战略目标达成的。人力资源管理的根本目标是通过提升员工个人绩效来改善组织绩效。人力资源要创造价值，其根本就在于能够理解并执行公司整体战略。人力资源管理的价值，主要体现在为企业提供高效、优质的服务，并且有效地控制人力成本。随着企业所处内外环境变化，势必对人力资源提出更多新要求，即人力资源管理必须直接为企业战略实施提供支持。

四、提升企业人力资源管理核心竞争力的路径

企业人力资源管理核心竞争力的提升路径包括：做好企业人力资源管理的基础工作，包括三大基石（定编定岗定员定额、绩效管理和员工技能开发）以及工作岗位研究和人员素质测评两大技术；提升企业最高领导的智慧、胸怀和学习力；实施战略人力资源管理；做好企业人力资源整合等。

（一）夯实企业人力资源管理的基础工作

夯实企业人力资源管理的基础工作，包括三大基石，即定编定岗定员定额、绩效管理和员工技能开发，以及工作岗位研究和人员素质测评两大技术的基础之上。

（二）企业最高领导的智慧、胸怀和学习力是提升人力资源管理核心竞争力的关键环节

企业最高领导人的智慧决定了企业的发展上限，企业最高领导个人领导力的提升最终使企业核心竞争力得到有效的大幅度地提升。

（三）战略人力资源管理是提升企业人力资源管理核心竞争力的根本路径

战略性人力资源管理就是系统地把企业人力资源管理同企业战略目标联系起来，其核心就在于通过有计划的人力资源开发与管理活动，增强企业战略目标的实现。战略性人力资源管理具有关键性、开发性、整体性、系统性特点。

人力资源管理系统是企业管理系统中的一个子系统，只有把人力资源管理与企业战略体系相结合，才能创造出高绩效。人力资源的各项具体活动，是按一定程序进行的，各环节之间是相互关联的。没有组织结构，不可能有人力资源规划；没有人力资源规划，难以进行有针对性的招聘；在没有进行人员配置之前，不可能进行培训；不经过培训，难以保证上岗后胜任工作；不胜任工作，绩效评估或考核就没有意义。对于正在运行中的组织，人力资源管理可以从任何一个环节开始。但是，无论从哪个环节开始，都必须形成一闭环系统，就是说要保证各环节的连贯性。否则，人力资源管理就不可能有效地发挥作用。而这种系统的观点，就是战略性人力资源管理的基本要求。战略性人力资源管理强调的是从全局的角度思考人力资源管理问题，从系统的观点处理人力资源管理的各项活动。

HR 核心竞争力是通过系统的一系列人力资源管理活动塑造出来的。通过人力资源规划、工作分析、岗位评价形成组织运行基本框架，通过绩效管理、薪酬管理、员工培训等建立激励与约束基本规则，通过职业生涯规划、胜任模型指出员工发展方向，通过竞聘上岗、岗位轮换盘活人力资源，最终建立一系列激发人力资源潜力的管理体系。

（四）人力资源整合是提升企业核心竞争力的关键路径

企业人力资源整合，强调的是对组织内全体成员的人力资源管理目标、价值观、愿景等基本达成一致，形成统一的整体。将先进的人力资源管理理念和经验转化为科学的管理模式和操作流程，提高了人力资源管理的效率，降低了企业对人力资源管理所需的成本。

人力资源整合是一个过程，而且是一个可持续的过程。这些人力资源管理标准化文件的建立，使得人力资源管理能力绩效功能需求整合作用的发挥成为长期性的和延续性的。

人力资源整合是双向的，个人改变以适应组织，组织调整以适应个人，也就是个体与整体间互相影响，是一个“互动”的过程。

很明显，人力资源整合是人力资源管理的发展。根据人力资源整合的目标，人力资源整合并不总是各个个体能量的简单叠加，而必须是有序的和有方向性的叠加，其总和将达到最大。企业通过自觉地运用“人力资源整合”的概念和策略，就能推动和提高企业的绩效，有效地提升企业的核心竞争力。

参考文献

[1]［美］乔恩·M. 沃纳（Jon M. Werner）、兰迪·L. 德西蒙（Randy L. DeSimone）著：《人力资源开发》，清华大学出版社2010年。

[2] 安鸿章、余刘军主编：《现代企业劳动定额定员管理与标准化》，中国劳动社会保障出版社2008年。

[3] 安鸿章主编：《工作岗位研究原理与应用》，中国劳动社会保障出版社2012年，第3版。

[4] 董克用编著：《人力资源管理概论》，中国人民大学出版社2008年。

[5] 赵曙明、戴万稳编著：《人力资源战略规划》，北京师范大学出版集团2009年。

基于企业人力资源类型的激励方法研究

刘凤霞

引 言

所谓激励是指通过物质或精神刺激使人奋发，激发人的动机，使人在内在动力驱使下朝向期望的目标努力的心理过程，也是动机激发的过程。[①] 对于企业而言，激励就是使员工以饱满的热情，自愿的努力工作的过程。有效的激励不仅能够提高企业的核心竞争力，而且能够留住优秀的人才。Brenda 研究发现，有效的激励对员工保留有很大影响，增加 1 倍的激励力度将引致 1.34 倍的员工保留。[②] 因此，采取有效的措施激励员工，使其发挥最大的潜能是企业兴衰的关键。由于企业中不同员工承担着不同的工作，工作特点不同，工作所需知识含量不同，责任大小也不同，所以对于不同的员工应采取不同的激励措施。

一、激励理论基础

（一）理论基础

由于激励是针对人的激励，因此我们首先探讨一下关于人的

---

① 王祖成：《世界上最有效的管理——激励》，中国统计出版社 2002 年版。

② Brenda L. Mak，HySockel. A confirmatory factor analysis of IS employee motivation and retention［J］. Information & Management. 2001，38：265－276.

行为本质，即人性假设。1960年，美国的行为科学家麦格雷戈在《企业的人性方面》一文提出了著名的X理论和Y理论。[①] 1970年约翰·莫尔和乔伊·洛尔斯提出了超Y理论。

（1）“X理论”——经济人假设。该理论认为，人天性是好逸恶劳的。他们逃避工作，多数人是不愿意承担责任的，多数人工作是为经济利益所驱使的，人是害怕惩罚的。因此，要用金钱、强制、监督和惩罚的手段使他们努力工作去实现组织的目标。

（2）“Y理论”——自我实现人假设。该理论认为人是愿意工作的。人们愿意承担责任，愿意为他人或群体做出贡献；人们工作不只是为了追求金钱，还有其他的社会需求；大多数人具有丰富的想象力、主动性和创造性解决问题的能力。因此，对员工要加以引导，创造有利的工作环境通过帮助员工达到自我实现的目标从而实现组织的目标。

（3）“超Y理论”——复杂人假设。该理论认为，人在不同时间、地点、环境下的需求可能不同。人们是否愿意为组织目标努力取决于自身的需要状况得到满足的程度。因此，管理方法应该因人而异。

（二）激励因素

中外学者对激励因素作了大量的研究。文魁等人在他们的研究报告中指出，对于异质人才的激励因素有个体成长、工作自主、业务成就、金钱财富、人际关系五个方面。[②] 王伟强认为，对于知识员工来说，最主要的激励因素包括薪酬福利、个人发

---

① Sanford E. DeVoe and Sheena S. Iyengar. Managers' theories of subordinates: A cross－cultural examination of manager perceptions of motivation and appraisal of performance [J]. Organizational Behavior and Human Decision Processes. 2004, 93: 47－61.

② 文魁、吴冬梅：《异质人才的异常激励——北京市高科技企业人才激励机制调研报告》，载《管理世界》2003年10月。

展、领导素质、企业发展、公平公正、安全保障六个方面。① Maria 认为激励因素需要从物质、精神和社会三个方面来考虑。② Gordon 指出对员工的激励作用较大的是工作本身而不是物质方面。③

上述研究有的强调内部激励，有的强调外部激励。本文认为，对我国企业而言，将内部激励与外部激励结合使用对员工的激励效果较好。

1. 内部激励

Alexis 对内部激励的定义做了归纳。④ 前人对内部激励的定义有：内部激励是一种内在动机所引起的人的行为，并且这种内在动机不会减少，它不同于饥饿、避免疼痛等生理动机。内部激励是人在没有目标和目的的情况下的自发行为，如追求娱乐休闲、孩子的游戏等活动。内部激励是最优化选择的重新规划和调整，如激发、调整和采纳所获信息。内部激励是人的自身感觉所引起的行为，目的是使自己感觉能够胜任工作和自我决策能力。内部激励是人在工作过程中所表现出来的一种愉悦的感觉，他在工作时感到愉快，是一种享受，或者完全沉浸在工作中。内部激励是人的内在的目标和行为的表现，人自身有自己的目标，并且他按照实现目标的途径采取行动。

综上所述，内部激励的三个特征为：人的内在动机，人的行

---

① 王伟强：《知识员工激励因素的实证研究及中外比较分析》，载《电子科技大学学报》（社会科学版）2008 年 10 月。

② Chris Gee, Maria E. Burke. Realising potential: the new motivation game [J]. Management Decision. 2001, 39: 131 – 136.

③ Gordon P. Rabey. Motivation is response [J]. Industrial and Commercial Training, 2001, 33 (1): 26 – 28.

④ Alexis H. Kunz, Dieter Pfaff. Agency theory, performance evaluation, and the hypothetical construct of intrinsic motivation [J]. Accounting, Organizations and Society. 2002, 27: 275 – 295.

为完全取决于自身，并没有外界刺激迫使他采取行动；内部激励是人为了自我实现而采取的行为，无需外力驱使；内部激励使人在行动中感到愉悦和满足。

根据以上特征，属于内部激励的因素有：个人目标设定、个体发展、自我实现、业务成就、创新、赏识、荣誉、参与等。

2. 外部激励

与内部激励的概念相对应，外部激励是指由外在动机引起的人的行为。外部激励的特征有：外部激励是在外界的需求和外力作用下人的行为，需要外力驱使，外部激励通过将行为结果和渴望的回报联系在一起，来达到刺激人采取行动的目的。

根据外部激励的特征，属于外部激励的因素有：薪金（包括基本工资、绩效工资、奖金等）、福利待遇、工作稳定（长期雇佣）、培训、股票期权、监督、惩罚等。

内部激励与外部激励是相辅相成的，他们是同时起作用的，外部激励可以提升内部激励的激励力度。但是对于不同类型的人力资源，内部激励与外部激励的力度不同。

二、激励模型

根据内部激励因素与外部激励因素，本文建立了激励模型。考虑到模型适用性，模型中将属于外部激励因素中的监督和惩罚因素分别加以考虑。

$$M = F(IM, EM, S, P) = \beta_1 \sum IM + \beta_2 \sum EM + \beta_3 S + \beta_4 P \quad (1)$$

并且 $\frac{\partial M}{\partial IM} > 0$；$\frac{\partial M}{\partial EM} > 0$；$\frac{\partial M}{\partial S} > 0$。一阶导数大于零，意味着内部激励、外部激励与监督的力度加强，激励效果提高。

其中：M——激励效果；IM——内部激励（Intrinsic Motivation)；*EM*——外部激励（Extrinsic Motivation）；*S*——监督（Superintendence）；*P*——惩罚（Punishment）；β_i（i = 1，2，3，4）——激励强度系数。

三、针对企业不同类型人力资源的激励措施

（一）企业人力资源划分

本文根据工作绩效是否容易衡量和工作所需知识含量的大小将企业的人力资源分为四种类型，如图 1 所示。

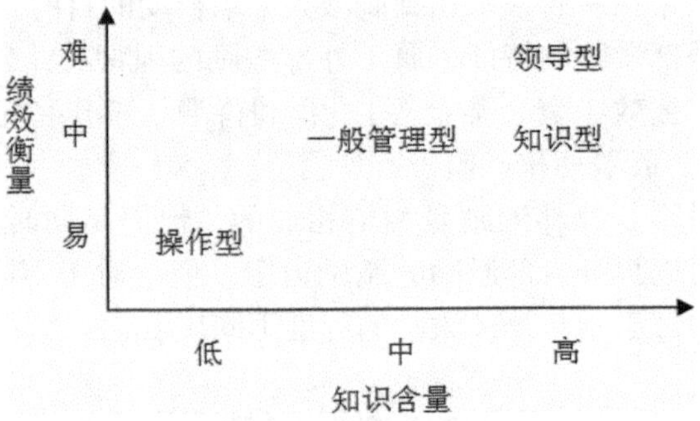

图 1　人力资源类型划分

第一种类型是操作型员工，指那些知识含量低，工作绩效容易衡量的员工。这种类型的人员基本是体力劳动者，其工作比较单一，工作重复型较强，如一线工人、基层销售人员等。

第二种类型是一般管理型人员，指那些知识含量中等，工作绩效衡量难易程度适中的员工。这类员工属于管理人员，一般负责操作型员工的监督与管理工作，工作责任比较大，如班组长、科长等。

第三种类型是知识型人才，指那些知识含量高，工作绩效比较难衡量的人员。由于知识型员工的工作是脑力劳动，所以其努

力程度难以衡量。此处的知识型员工主要指技术人员。

第四种类型是领导型人才，指那些知识含量高，工作绩效难以衡量的主管人员。领导型员工是参与企业决策的人员，是包括各个部门经理以上职务的行政主管人员。

（二）针对不同类型人力资源的激励措施

1. 对操作型员工的激励

第一种类型的人员是操作型员工，他们的工作所需知识含量低，很容易替代，并且他们的经济收入一般较低，因此他们更关心薪金待遇和工作稳定性，而对个人发展和业务成就等关注较少。由于操作型员工的业绩容易衡量，比如可以通过任务完成的数量和质量来衡量，因此容易监督。根据 X 理论，可以采用监督加惩罚的措施来激励员工努力工作。

根据以上特点，模型（1）中的激励强调系数关系为：$\beta_1 \approx 0, \beta_2 > \beta_3; \beta_4$ 。

其含义：外部激励所起作用最大，监督次之，惩罚的激励效果最小，而内部激励几乎没有激励作用。

所以，对于操作型员工，主要采用外部激励措施，如采用绩效与薪酬待遇挂钩的策略，再加上有效的监督和惩罚机制来达到激励目的。

2. 对一般管理人员的激励

一般管理人员具有一定的管理知识，他们的工作主要是监督和管理他们手下的员工，他们对生产进度和产品质量负主要责任。一般管理人员的参与意识较强，他们希望领导倾听他们的建议。赏识对他们来说更重要，因为上级的认可关系着他们未来的晋升。当然薪金对他们来说也很重要。

根据超 Y 理论，一般管理人员的需求因环境、时间不同而变化。如果某一时段有升迁的机会，他主要关心的是个人发展，而薪金显得并不是很重要，此时，内部激励对他的激励作用较大，而外部激励对他的激励作用较小。反之，可能是外部激励作用大，而内部激励作用小。

由于一般管理人员关系着整个企业的运转，他们的绩效可以通过某些指标来衡量，如所管辖部门的进度和产品质量，因此，有效的监督必然促使他们努力工作。一般管理人员的协作性较强，有时责任难以分清，所以惩罚几乎不起激励作用。模型（1）中的激励强调系数关系为：$\beta_1 \approx \beta_2 > \beta_3; \beta_4 \approx 0$。

因此，对于一般管理人员的激励措施是：同时应用内部激励与外部激励，并加以适当的监督。

3. 对知识型人才的激励

由于知识型员工所受教育程度较高，他们心中有明确的奋斗目标，并采取实际行动实现个体目标。因此，他们的工作主动性、独立性比较强，他们有很强的创新精神，对业务成就需求较高。研究表明，知识型员工对个体发展需求最高，业务成就次之，薪酬虽然也重要，但是相对来说不太重要。

根据 Y 理论，对知识型员工来说，创造相对宽松的环境来满足他们的个人发展、业务成就、创新和自我实现的需要，对他们的激励将更为有效，即内部激励作用较大。

知识型员工的工作几乎全是脑力劳动，他们的努力程度不能被观测。并且对于一些大的科研项目，往往是多个员工集体合作的结果，所以他们的个人绩效难以衡量。此时，监督和惩罚不能起到激励作用。模型（1）中的激励强调系数关系为：$\beta_1 \rangle \beta_2; \beta_3 = \beta_4 \approx 0$。

因此，对于知识型员工的激励措施是：主要采用内部激励措施，如创造良好的工作环境，发挥灵活的工作时间安排，增加他们的培训机会，鼓励他们创新，肯定他们的工作，提供条件使他们发挥最大的潜力等，同时适当的采用外部激励措施，如团体奖励等。

4. 对领导型人才的激励

领导者作为企业的行政主管人员，对企业的有效运行起着导向作用。对于领导者的激励就是让他们充分运用自己的能力，使企业实现价值最大化。由于大多数领导者是经过不断努力达到目前的职位的，他们有的已经基本实现了个体发展目标，他们有了一定的业绩成就，此时，荣誉对他们来说很重要。为了避免他们的机会主义行为，外部激励措施，如股票期权对他们的激励作用较大。他们的努力水平很难观测，绩效考核很难，监督是激励领导者努力工作的有效手段。模型（1）中的激励强调系数关系为：$\beta_2 \rangle \beta_1 \rangle \beta_3 ; \beta_4 \approx 0$ 。

因此，对于领导者的激励措施是：首先，以外部激励为主，如股票期权激励；其次，采用内部激励措施，如授予荣誉，同时采取有效的监督机制。

四、结束语

企业的成功取决于企业的人力资源，而企业员工的努力水平取决于企业的激励机制。在我国现阶段，采用内部激励与外部激励结合的措施是对企业激励员工努力工作的有效措施。企业是由各类人力资源组成的，通过对不同的人力资源的不同的激励措施可以提升企业的整体绩效，从而实现企业的整体目标。

基于人—组织匹配的企业人才招聘①

许明月

“人—组织匹配”理论是近年来备受研究者和管理者关注的一种全新的招聘模式，它为组织挑选合适的员工提供了参考依据。企业在招聘过程中除了要考虑人职匹配外，还应采取一定的方法来测评应聘者与组织文化间的匹配程度，而个体也是基于对自身与组织匹配情况做出组织选择的。人与组织的良好匹配，是实现长期雇佣关系，降低离职率，提高员工工作满意度和工作绩效的关键。

一、人—组织匹配的内涵

人—组织的匹配（Person - Organization Fit，POF），即组织成员的个人特征与组织特征之间的相容性。目前，国外学者对于人—组织匹配的内涵已作了不少研究，但尚未形成统一的观点，代表性的有以下几种观点：

一是，Muchinnsky & Monahan（1987）提出，人与组织间的匹配包括两种类型的匹配，即一致性匹配和互补性匹配。所谓一致性匹配是指个人和组织具有同样的或相匹配的特点，个体能够在组织中增补、修饰或拥有其他个体相似的特征；互补性匹配则是指个人和组织能互相满足对方的需要，具体说，就是组织的需

① ［基金项目］：北京市属高等学校 2010 年人才强教计划资助项目，项目编号：PHR201008338。

要能通过其成员卓有成效的工作去实现，个体特征能够弥补组织的不足。[①]

二是，Edwards（1999）提出的需要—提供（needs - supplies）和要求—能力（demands - abilities）的观点。Edwards 将人与组织匹配定义为，个人能力和工作需要的匹配（需求—能力）或者是个人要求与工作属性的匹配（要求—供给）。从需要 - 提供的角度看，当组织满足了个体的需要、意愿或偏好时，个人与组织之间也就实现了匹配；而从要求—能力的角度来看，如果个体的能力能很好地满足组织的要求，则在个人与组织之间便实现了匹配。[②]

三是，以上这两种观点虽然得到了比较深入的研究，但它们却很少被整合在一起。针对人—组织匹配的复杂性，Kristof（1996）则提出了一个比较完整的人—组织匹配模型，该模型对一致性匹配和互补性匹配、需要—提供观点和要求—能力观点进行了全面的分析和整合，将人—组织匹配定义为三种情况下员工与组织的相容性：作为组织成员的个体与组织至少有一方能够为另一方提供它所需要的资源；个体与组织在某些基本特征上拥有相似的地方；以上两方面条件均具备。[③]

近年来，随着对人—组织匹配问题研究的深入，人—组织匹配的含义也在逐渐深化。事实上，人—组织匹配即包括人的核心

---

① Muchinsky P M, Monahan C J. What is person - environment congruence? Supplementary versus complementary models of fit. Journal of Vocational Behavior, 1987, 31: 268 - 277

② Edwards J R. Person - job fit: A conceptual integration, literature review and methodological critique. International Review of Industrial/Organizational Psychology, 1991, 6: 283 - 357

③ Kristof A L. Person - organization fit: An integrative review of its conceptualizations, measurement, and implications. Personnel Psychology, 1996, 49: 1 - 49

价值观、目标、人格特质和组织价值观、目标和特征之间的协调一致，也包括人与组织之间在供需上的相互补充。

二、人—组织匹配的应用价值研究

（一）可以预测工作绩效

关于人—组织匹配的很多研究表明，在个体和组织间表现出较高程度的一致和相似时，个体所表现出的工作绩效会得到极大提升。1987 年 Tziner 等人的研究指出，人—组织匹配对员工的工作绩效有着显著影响，在追求成就感上与组织气氛相容的员工比背离组织气氛的员工有更高的工作绩效。[①] Bretz &Judge （1994）以人—组织的匹配情况作为职业成功的预测指标更加有力地证明了人—组织的匹配程度对员工的工作晋升与薪酬水平都有一定程度的影响。[②] Lauver &Kristof（ 2001） 通过研究发现，人与组织匹配对员工所表现出的绩效水平有很大的影响，且人—工作匹配并不比人—组织匹配更能预测绩效表现。[③]

（二）可以预测离职意向

人—组织匹配与离职意向的关系一直是研究者们所关注的一个话题。Kristy & Kristorf（2001）以运输公司员工为对象所做的研究表明，人—组织匹配对员工的离职倾向有很好的预测作用，上级与下级之间或同事之间在目标上的高水平匹配与离职意向呈

---

① Tziner A. Congruency issue retested using Finerman’s achievement climate notion. Journal of Social Behavior and Personality，1987，2：63 ~ 78

② Bretz R D，Judge T A. Person – organization fit and the theory of work adjustment：Implication for satisfaction，tenure，and career success. Journal of Vocational behavior，1994，44：32 ~ 54

③ 孙健敏、王震：《人—组织匹配研究述评：范畴、测量及应用》，载《首都经贸大学学报》，2009 年第 3 期。

负相关。[①] O' Reilly 等人的研究表明，价值观匹配是影响员工流动的一个主要因素，与组织价值观差别比较大的员工，更容易表现出离职意向。根据对价值观匹配程度所作的分析，可在两年之内有效地预测员工的离职倾向。[②] Cable & Derue（2002）则从三个不同层面考察人与组织匹配与离职意愿的关系，结果发现个体与组织在价值观方面的一致性匹配可以有效地降低个体的离职意愿，而工作层面的要求—能力、需求—供给匹配则不具备这种效能。[③] 因此，定期评估员工—组织之间的价值观是否匹配，能有效地预测人员的流动，有利于组织及时采取合理的管理措施。

（三）可以预测员工的工作态度

大量的研究表明，人—组织匹配的程度与员工的工作态度存在正相关关系。Voucouver & Schmitt 对 350 多所中学的教师和校长进行调查研究后发现，上级—下属（校长与教师）和下属—下属（教师—其他教师）之间的目标匹配与员工的满意感、忠诚度呈显著的正相关。[④] Bretz & Judge 从四个方面检验了人—组织的匹配对员工工作态度的影响，这四个方面是：价值匹配，个体特征和组织形象的统一性，组织的强化系统满足员工需要的水平，个体的知识、技能、能力满足工作需要的程度。结果表明，以上

---

① Kristy J L, Kristof A L. Distinguishing between employees' perceptions of person - job and person - organization fit, Journal of Vocational Behavior, 2001, 59: 454 ~ 470

② O' Reilly C A III, Chatman J, Caldwell D F. People and organizational culture: A profile comparison approach to assessing person - organization fit. Academy of Management Journal, 1991, 34: 487 - 516

③ 孙健敏、王震：《人—组织匹配研究述评：范畴、测量及应用》，载《首都经贸大学学报》，2009 年第 3 期。

④ Vancouver J B, Schmitt N W. An exploratory examination of person - organization fit: Organization goal congruence. Personnel Psychology, 1991, 44: 333 - 352

四个方面的匹配或一致，会直接影响员工对组织的满意感。[①] Westerman & Cyr（2004）在 Bretz 和 Judge 研究的基础上，对人—组织的价值观念匹配和个性匹配（一致性匹配）以及工作环境匹配（需要—供给的互补性匹配）进行了综合分析。结果发现，当在同一项分析中同时使用了多重匹配测量时，价值观匹配和工作环境匹配对于工作满意度、组织承诺和留在组织中的倾向具有最为强烈和最为稳定的影响。[②] Kristof - Brown 等人（2005）对人—组织匹配和相关指标之间关系的研究后提出，人—组织匹配和工作满意、组织承诺之间具有强相关性，其中，基于目标的人—组织匹配比基于价值观念的人—组织匹配的效应要来得微弱，但比基于个性特征的匹配的效应要来得强。[③] 可见，测量人与组织的匹配度，可以有效预测员工的工作态度。

三、基于人—组织匹配的招聘管理

人—组织匹配理论在员工招聘领域的应用是最受研究者偏爱的。1989 年 Chatman 提出了基于员工甄选和社会化过程的人与组织匹配流程，她认为组织特征和个体特征可以通过组织甄选、个人选择和双方的社会化过程，达成两者之间的匹配，在这种匹配的促动下，个体和组织的产出都可以最大化。并提出，在新员工的招聘甄选中，组织应该从组织文化和个体价值观是否一致、组

---

① Bretz R D, Judge T A. Person - organization fit and the theory of work adjustment: Implication for satisfaction, tenure, and career success. Journal of Vocational behavior, 1994, 44: 32 ~54

② Westerman, J. A. , Cyr, L. A. An Integrative Analysis of Person 3/ Organization Fit Theories [J] . International Journal of Selection and Assessment, 2004, (3) .

③ 奚玉芹、戴昌钧：《人—组织匹配研究综述》，载《经济管理》2009 年第 8 期。

织期望与个体目标是否一致这两个角度考虑，以保证新员工与组织的匹配。[①] 大量研究也已经证实，员工与组织的匹配对改善员工的工作态度，预测离职率，提高工作效率具有重要的作用。因此，组织在进行人员甄选时，应更多关注员工与组织的匹配度，进而保证招聘的有效性。

通常一个完整的招聘流程，招聘者通过工作分析确认组织的价值观、工作规范及胜任力现状，并在此基础上确定理想候选人应具备的特征、素质、能力水平。接下来招聘者根据工作分析的结果对应聘者的价值观和胜任力进行评价，判断其与组织的匹配程度，进而提出录用与否的建议。要实现人与组织的最佳匹配，在整个招聘过程中，有几个关键环节要重点把握。

（一）系统的工作分析

工作分析的结果是人与组织匹配的基础，其质量好坏直接影响所有后续管理工作的效率与质量，只有经过系统工作分析所形成的工作说明书，才会为人与组织的匹配提供依据。

首先，在进行工作分析前，要明确企业发展的战略、企业文化、核心价值观以及员工的理解和认可情况，确定合适的人职匹配模型，在此基础上明确不同职务在组织结构中所属的类型，不同的类型其匹配度是不同的。其次，选择样本，收集和分析信息。根据确定的评估指标，选择工作表现突出的样本，采取行为事件访谈法等工作分析方法进行分析研究，最终形成优秀业绩者的关键行为。再次，确认工作任务特征和人职匹配要求。运用关键事件分析技术、问卷调查方法以及统计分析技术对上述收集到的关键行为进行分析评价，找出岗位的关键工作要素以及工作胜任力要求。最后，通过基于人—组织匹配的工作分析获得的工作

① Chatman J A. Matching People and Organizations: Selection and Socialization in Public Accounting Firms [J]. Administrative Science Quarterly, 1991, (36): 459-484.

任务特征信息，来确定和描述职务的使命、主要任务和职责，获得人职匹配所要求的信息，用来确定任职资格。

基于人—组织匹配的工作分析所建立的人—组织匹配模型是针对特定的职位。为了能够达到“人员—职位—组织”的匹配，尤其需要与组织战略、目标、文化等要素的结合，需加强对组织环境与组织变量的分析，如组织的现状、面临的困难、发展的战略、所属行业的特征、组织文化等，这样可以预测组织的发展需要和工作任务的可能变化，从而来推测组织未来的职务胜任要求以及组织的核心胜任力。通过这些方面的分析、预测、判断，一方面在宏观上把握组织的核心要求以及组织发展对岗位所提出的新要求，另一方面也在微观上了解岗位具体的胜任要求，提高了工作分析的适应性。

（二）测量人与组织的匹配度

系统的工作分析只是为我们良好的人—组织匹配提供了基本前提，要实现人与组织的实际匹配更重要的是要对人与组织的匹配度进行测量。

人与组织的匹配主要包括感觉匹配和实际匹配，其中实际匹配又包括主观匹配和客观匹配。感觉匹配是一个人对其与组织是否匹配良好的直接判断，即只要感觉到存在匹配，无论这个人是否和组织具有相似的特征、是否和组织的存在特征互补，都认为达到了良好的匹配。实际匹配是通过各自独立评估的个人变量和环境变量进行对比后进行的间接评估匹配度的一种测量方法。实际匹配又分为主观匹配和客观匹配。主观匹配是指由个人所感知和报告的人和环境之间的匹配，而客观匹配则是指个人的实际情况和实际环境之间的匹配。①

---

① 奚玉芹、戴昌钧、徐波：《人－组织匹配研究方法综述》，载《科技管理研究》2009年第10期。

相对于以上三种匹配存在三种测量方法。即直接测量、间接测量。其中间接测量又包括间接交叉层次测量和间接个体层次测量。

1. 直接测量

直接测量是对个体知觉到的或主观感觉到的匹配程度进行测量，是要求评价者对于自身和组织之间存在着什么程度的匹配做出简要的评价。通常采用直接询问被调查者是否相信与组织之间存在良好的匹配，只要觉察到匹配的存在就表明个人与组织间具有良好的匹配。那些认为自己的价值观念和组织的价值观念高度一致的个人相比于那些认为这种一致性很低的个人，具有更大的成就感和更高的组织承诺。①

2. 间接测量

间接测量是研究者针对直接测量的缺点提出的，间接评估人与组织的实际匹配。主要包括间接交叉层次测量和间接个体层次测量。交叉层次的测量通常被用来评估人与组织的一致匹配和互补匹配。交叉测量是用不同的标准和维度对人与组织两个对象进行测量，如测量个体的价值观、目标、人格和需要等；测量个体感知到的组织价值观、目标、文化氛围，然后进行匹配程度的统计分析和处理。交叉层次的测量中，测量主要发生在个人层面和组织层面的分析上。②

个体层次测量，是对于个体和组织在相同维度或者特征上的评价是从相同的来源获得的，并对这两个评价进行比较。在个体层次调查实际匹配时，组织结构不再能证实组织特征，而是个体

---

① KRISTOF A. L. Person - organization Fit An Integrative Review Of ItsConceptualizations, Measurement And Implications, Personnel Psychology 1996（49）：1 -49.

② KRISTOF A. L. Person - organization Fit An Integrative Review Of ItsConceptualizations, Measurement And Implications, Personnel Psychology 1996（49）：1 -49.

知觉到的一些特征。典型的测量是让每个被调查者回答相同的问题，如“你的价值观是什么?”和“你公司的价值观是什么?”。然后采用差异分数或多项式回归来计算回答这些问题的相似性，从而可以测量出个体与组织的实际匹配。个体层次的测量中，所有测量都发生在个人层面的分析上。[①]

关于在人—组织匹配的测量上面，究竟应当采用直接测量还是间接测量，一直争论不休。Edwards（1991）认为，虽然对于感觉匹配的直接测量能够显示出人—组织匹配和个人层面变量之间的显著相关性，但是，因为直接测量容易混淆个人和环境的构成，所以，要保证同等维度的测量几乎是不可能的。另外，当直接测量和对于工作相关态度的测量同时进行时，一致性偏见就可能会潜在的影响结果。因此，Edwards（1991）认为应当用间接测量，对个人特征和组织特征进行独立评估，从而对相似性或者互补性加以验证，而无需由个人对于匹配做出判断。[②] 然而，也有研究者赞成使用直接测量。比如，Schneider 等人（1995）强调，“人构成了环境”，因此，不应该将环境和在环境中有所行为的个人进行割裂和作出区别对待。[③] Kristof – Brown 等人（2005）认为，虽然使用直接测量方法有可能会危害所报告的关系的真实性，但是，在互动心理学领域内，只有当人们感知到与环境的匹配时，他们才会受到这种匹配的影响，因此，虽然使用同一评价人有可能会夸大匹配和态度类指标之间的关系，但这和人为偏差

---

① KRISTOF A. L. Person – organization Fit An Integrative Review Of ItsConceptualizations, Measurement And Implications, Personnel Psychology 1996（49）：1 –49.

② Kristof A L. Person – organization fit：An integrative review of its conceptualizations, measurement, and implications. Personnel Psychology, 1996, 49：1 –49

③ SCHNEIDER B, GOLDSTEIN H W, SMITH D B. The ASA Framework：An Update［J］. Personnel Psychology, 1995（48）：747 –773.

比起来，可能更能够反映真实情况。[①]

目前，在计算人—组织实际匹配的方法上面，也存在着一定的争论。对于人—组织匹配中的感觉匹配，因为只涉及个人对于人—组织匹配感知的整体评价以及相关效标这样两类数据，因此，评估感觉匹配的研究通常使用这些直接测量结果和效标变量之间的相关性来代表人—组织匹配的作用大小。而对于包含主观匹配和客观匹配在内的实际匹配，由于涉及对个人特征的评价、对组织特征的评价以及对相关效标变量的评价三类数据，因此，需要对个人和组织在相关特征上的差异进行计算，并在此基础上，判断人—组织匹配对于相关效标的作用大小。[②]

总之，在匹配程度的测量和计算方法上，学者们的分歧较大，尽管很多学者编制了人—组织匹配的测量问卷和量表，但是，众多的研究成果并没有消除分歧。因此，在人—组织匹配的测量工具还不成熟、国内学者自行开发的测量工具的信度和效度还需进一步验证时，[③] 为了更好地实现企业中不同类型岗位的人职匹配，可以通过建立岗位胜任力素质模型、采用人才测评技术作为人—组织匹配测量的一个补充。目前，岗位胜任力素质概念、人才测评技术与手段已经为越来越多的机构所接受和采纳应用，在人员招聘与选拔中具有重要的指导和参考价值。

"胜任力素质"是指能将某一岗位工作中卓越成就者与表现

---

① KRISTOF - BROWN A L, ZIMMERMAN R D, JOH NSON EC. Consequences Of Individuals' Fit At Work: A Meta - Analysis Of Person 3/ Job, Person 3/ Organization, Person 3/ Group, And Person 3/ Supervisor Fit [J] . Personnel Psychology, 2005 (58): 281 3/ 342.

② 奚玉芹、戴昌钧、徐波：《人—组织匹配研究方法综述》，载《科技管理研究》2009 年第 10 期。

③ 孙健敏、王震：《人—组织匹配研究述评：范畴、测量及应用》，载《首都经贸大学学报》，2009 年第 3 期。

平平者区分开来的个人的深层次特征，它可以是动机、特质、自我概念、态度或价值观、某领域的知识、认知或行为技能等任何可以被测量并且能显著鉴别出杰出者或一般绩效者的个体特征。岗位胜任力素质模型的建立，可以帮助企业对应聘者是否具有岗位胜任力素质进行全面考查，最终选出真正适合岗位的人。此外，利用成熟的心理测验方法和人才测评技术对应聘人员的个性特征进行诊断，有助于考查应聘者的能力、工作动机、工作态度，情绪的稳定性等心理素质，可以有针对性地选拔具有岗位所需要的关键人格特征的个体，增加个体与组织的匹配度，为企业合理利用人力资源提供参考依据。

（三）实现人与组织的实际匹配

企业在招聘中根据人—组织匹配的相关理论，运用各项考核技术在某一岗位上实现了人与组织的匹配，这只是降低了人职不匹配的风险，并不意味着这种匹配是最佳的。2000 年 Judge，Higgins 和 Cable 等人构建了一个复杂的人—组织匹配模型，讨论了招聘过程中，应聘者和招聘者对人与组织匹配的知觉，并认为这种知觉存在失真的可能。① 这一模型认为实际匹配和知觉匹配之间的关系依赖于招聘者评价求职者和理解组织的准确程度。在甄选过程中，招聘者可能因为本身持有的知觉偏见，对招聘者做出失真的判断，因此提出管理者应该更多地关注客观知觉和实际匹配，以保证其尽可能地保证甄选的有效性。② 可见，要提高工作实践中的人职匹配度，还应对所招聘的人员进行一段时间的跟踪考查，了解他们在招聘中的测评结果与实际的工作能力和业绩是

---

① Judge T A, Higgins C A, Cable D M. The Employment Interview: A Review of Recent Research and Recommendations for Future Research [J]. Human Resource Management Review, 2000 (10): 383 - 406.

② 孙健敏、王震：《人—组织匹配研究述评：范畴、测量及应用》，载《首都经贸大学学报》，2009 年第 3 期。

否具有较高的一致性或互补性，以达到真正的实际匹配。

尽管人—组织匹配的测量方法和手段目前还不完善，适合我国企业实际的人—组织匹配的测量工具还没有真正形成，但只有基于人—组织匹配理念下的招聘管理策略才能帮助企业招到适于企业发展需要的员工。

社区志愿者管理问题研究

——以北京地区四个样本社区为例

邱耀敏

一、志愿服务概述

志愿服务是人类文明发展到一定阶段的产物，起源于19世纪西方国家宗教性的慈善服务。二战以后，很多西方发达国家已把志愿服务纳入到本国政府的宏观调控之中，通过一系列的政策制度来规范志愿服务。志愿服务就是志愿者组织或志愿者个人无偿地服务于人民群众生产、生活、安全和其他有利于社会发展的行为。志愿者和志愿活动已在世界上存在和发展了100多年。前任联合国秘书长安南这样定义志愿者和志愿服务：志愿者是指在不为物质报酬的情况下，基于道义、信念、良知、同情心和责任，为改进社会而提供服务，贡献个人的时间及精力的人和人群。志愿服务则泛指利用自己的时间、自己的技能、自己的资源、自己的善心为邻居、社区、社会提供非赢利、非职业化援助的行为。

在现代社会中，志愿者群体已经成为了一种宝贵的人力资源，为社会的发展和进步做出了自己的贡献和努力。而就志愿者本身来说，从年龄结构、文化结构、社会阶层结构等都发生了很大的变化，志愿服务的范围日益拓宽，志愿服务的内容日益丰富，方式日益多样和创新，成为完善社会服务的重要途径之一。

在志愿者群体当中，社区志愿者所发挥的作用越来越重要，目前我国许多城市已建立了多种形式的社区服务志愿者活动的组织，并制定了有关章程和管理办法。因此，社区志愿者已经成为在社区范围内或在某一特定地区内的宝贵的人力资源，也成为社区各项工作开展的重要人力资源，因此社区志愿者的有效管理也成为我们必须面对的问题。

目前对于志愿者群体的研究中，相对集中于一些短时或专项的志愿者（如赛会志愿者、特殊行业志愿者等）群体，对他们的研究也多倾向于精神意志的探讨。很少有人把这些志愿者当作重要的人力资源并对其的管理做出研究。而对于当前群体最广，工作量最大、服务时间最长、获得社会关注度最小的社区志愿者及其管理却少有研究。

为了更好地了解北京地区社区志愿者管理的状况，笔者率学生课题组以北京地区四个样本社区为例，对社区志愿者的管理现状及其存在的问题进行相关调查和分析研究，以期对社区志愿者管理现状和存在问题有所把握，并提出提升管理效率的相关措施。

本次课题调研所选取的四个样本社区分别为：北京市基础设施较完善、居民整体素质较高、社区工作开展较深入具体的朝阳区，以朝阳区垡头西里社区为例；最具有老工业区背景、现正转型于以娱乐餐饮为重点发展方向、居民生活日益富足、社区工作重点倾向于满足居民精神需求的石景山区，以石景山区古城社区为例；力求发挥地区内有满族聚居优势，依托高度发展的旅游业打造成为北京文化新都、社区文化事业发展状况较好的怀柔区，以怀柔区泉河社区为例；以生态经济发展为主要推动力，以绿色环保为标准的新兴生态旅游业，社区工作重点在养老、计生、文体活动及党建的密云县，以密云县鼓楼社区为例。课题研究中将上述具有不同特色的四个典型样本社区进行深入分析，使理论研究与样本实例相结合，对不同特色社区的志愿者管理方法进行对比研究，找出其共性和差异性；同时也对社区志愿者的管理中应用到的人力资源管理方法及思想进行系统分类，将社区志愿者管理实例整合为有效的人力资源管理案例；课题将重点探究北京地区不同社区对社区志愿者的管理现状及存在的问题，运用人力资源管理理论知识提出完善措施。

二、社区志愿者管理现状调查分析

在对前述四个社区的社区志愿者、社区居民、社区管理者进行了一系列的问卷调查和访谈调查后，对社区志愿者管理现状做出如下分析：

（一）社区志愿者的基本情况

1. 社区志愿者人员构成

通过问卷调查我们发现，在社区志愿者的构成中，具有一定的共性，但也呈现出了地区的差异性。通过下面的调查图可以看出，四个样本地区的社区志愿者构成基本以学生和无业人员为主，而无业人员大多为离、退休的老年人。总体来说，工作能力水平均较低，工作专业性差。

2. 社区志愿者加入志愿者行列所采取的途径

从问卷回收结果来看，四个样本社区中，只有朝阳区的社区志愿者大部分为在社区宣传过程中加入其中的。石景山地区的社区志愿者积极性非常高，有相当一部分是主动联系社区后加入的，这也与调研组人员发放问卷时，石景山地区社区志愿者反映出的热情态度相符合。密云和怀柔地区的社区志愿者经由亲戚朋友介绍或推荐后加入的情况比较多，而通过社区宣传加入其中的情况较少，这也和这两个地区的社区组织宣传工作并不到位的现

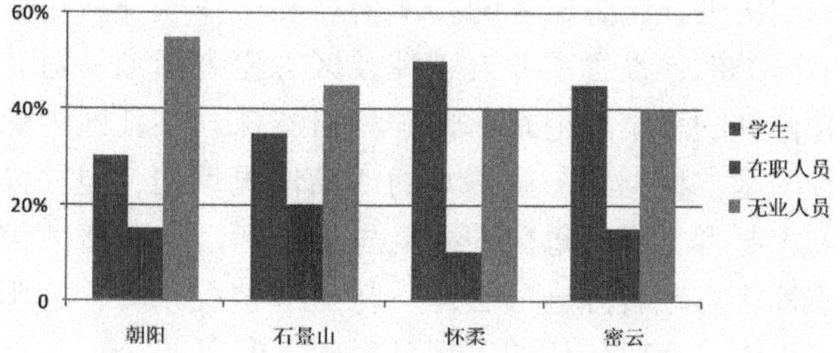

图1　社区志愿者构成图

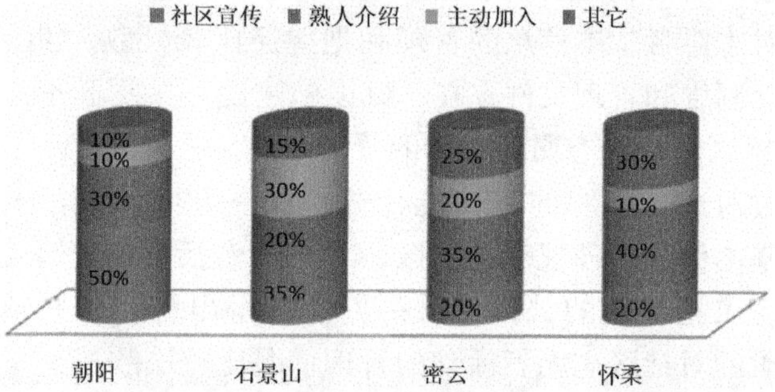

图2　加入志愿者行列采取的途径概况图

状相符合，与此同时，怀柔和密云的社区志愿者中有相当多的人为学生，他们成为社区志愿者的途径多为学校派遣，从长远看，这也不失为一种招揽社区志愿者的好方法。

（二）社区志愿者管理工作的基本情况

1. 社区对社区志愿者基本信息的管理情况

在这一问题上，四个样本地区的现实情况差别比较大。朝阳垡头社区设立专门人员管理社区志愿者活动并对社区志愿者基本信息和参与志愿活动的服务情况进行采集、整理、保存、管理。而石景山地区虽然设置了专门的人员来管理社区志愿者活动，但并没有详细记录社区志愿者的基本信息和工作状况。密云和石景山地区情况类似，设置了专人管理社区志愿者活动，对其基本信息并没有详细的采集和记录。怀柔相对特殊，在社区内保存有社区志愿者的基本信息和一些基本的活动情况反馈，但并没有设置专人管理志愿者工作，每次的社区志愿者活动由负责此类活动的部门召集社区志愿者并进行管理。从这些情况来看，朝阳垡头社区的管理工作是相对到位的，且已经建立起了一个比较严密的社区志愿者管理体系。

上述调研情况也反映了北京地区城市社区志愿者管理中一个问题，对志愿者基本信息的管理和把握还比较松散，没有统一规范的管理制度和管理文件，在基础设施建设上参差不齐。

2. 社区对社区志愿者活动的管理情况

通过对这一问题的数据统计分析，一方面印证了上述的情况：即基本信息管理规范的社区，对志愿者活动的管理也比较规范，呈现出正相关的关系；另一方面也得出了相对其他三个社区，怀柔的对社区志愿者活动的管理情况比较松散。

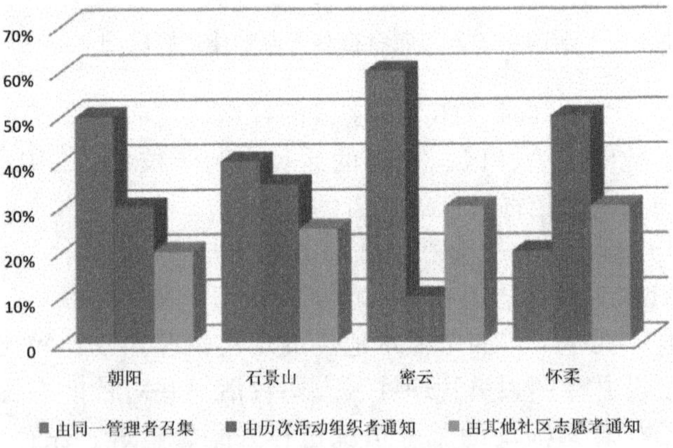

图 3　志愿者活动召集情况概况图

（三）社区志愿者活动及管理工作反馈情况

1. 居民对社区志愿者活动的满意度

从社区居民对志愿者活动的满意程度来看，其满意度也与志愿者组织和管理的规范程度有密切相关性，管理的规范性越高，志愿服务的效果就比较好。

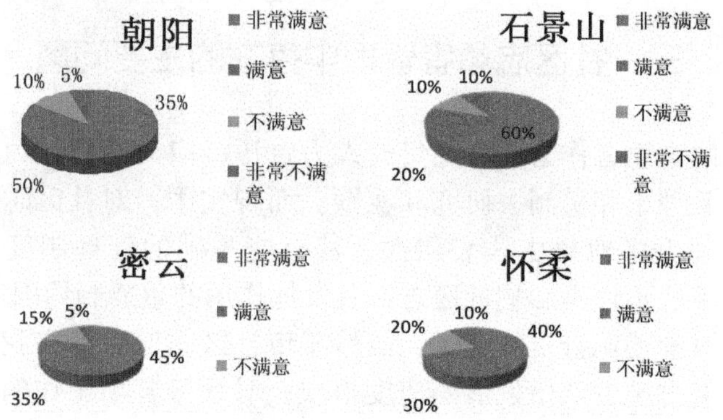

图4　居民对社区志愿者活动满意度概况

2. 志愿者对社区的志愿者管理体系满意度

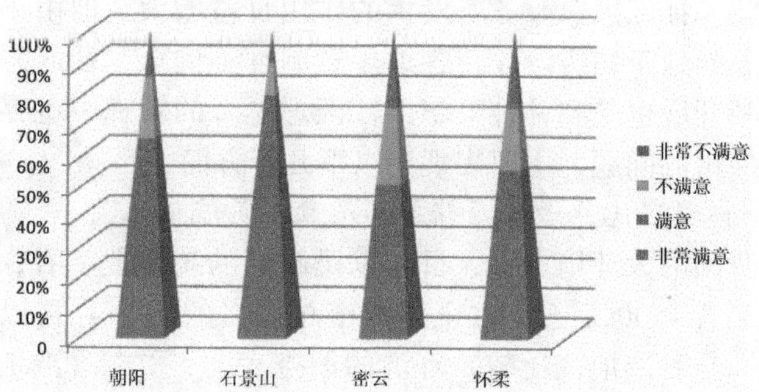

图5　志愿者对社区的志愿者管理体系满意度概况图

由图 4 和图 5 并结合各社区的管理情况可以看出，社区对社区志愿者的管理是否到位与居民及社区志愿者对志愿工作的满意程度息息相关。朝阳和石景山对社区志愿活动的管理相对到位，居民和志愿者本身对志愿活动的满意度也较高，而怀柔和密云的管理工作相对欠缺，其满意度也相应下降。

三、社区志愿者管理中存在的主要问题

社区志愿者作为一种宝贵的人力资源，应当运用人力资源管理的相关理论和机制去研究和实践。而现实中，对社区志愿者队伍的管理更多地集中浅表层次，甚至连基础的管理制度也不健全，这不能不说是影响社区志愿者发挥作用的重要制约因素。

通过前述调查资料显示，虽然城市社区志愿服务在我国起步较晚，但志愿者队伍发展的速度很快，对社区各项工作的开展起到了积极的推动作用。社区志愿服务的开展，一方面给有精力、有服务精神的人以发挥余热的空间和舞台；另一方面也使社区内的普通居民尤其一些弱势群体感受到社会的温暖，得到应有的帮助。因此，社区志愿服务所发挥的作用日益增大。但由于我国的志愿服务尚处于初级阶段，各项规章制度不健全，社区志愿者服务的顺利开展也受到种种限制，社区志愿者的管理中也存在着一些值得探讨的问题，主要表现为以下几个方面：

（一）社区志愿者资源储备不足且人员流动性大

从我国的大环境上看，目前以民政部的统计数字看，全国目前有志愿者 1500 万人，占全国城市总人口的 11%。再以中国大陆的深圳与香港地区比较，香港的调查表明：“在香港地区，参加志愿活动的市民占香港总人口的 20%，大约有 100 万人。深圳市的常住人口为 100 万人，目前拥有志愿者 2 万人左右，仅占常住人口的 2%。如果考虑暂住人口（深圳总人口 300 万），深圳市

的志愿者只占该市人口的0.5%。”

通过调查上述四个社区的志愿者构成情况也可看出，社区志愿者很大部分都是由离退休人员构成的，在职职工和青年人的比例较低，主要原因是离退休人员有更多的时间和精力。但是由于年龄、身体的原因和知识结构的老化，离退休人员所能提供的志愿服务显然是非常有限的，远远不能满足社区居民的需求。所以如何发动和吸引更多的在职人员和年轻人参与社区志愿服务，是今后必须加以考虑的问题。

上述社区周边都有一些学校，可以为其提供青年志愿者。但青年志愿者在社区志愿服务中，容易受各种因素的影响，呈现出不稳定的特点，这些使志愿者自然流失率处于一个比较高的水平。

（二）社区志愿者宣传、招募方式单一，并缺乏针对性地培训

在调查中，发现社区在招募志愿者方面主要是以发放通知为主，造成了信息的有效传递失灵；另外一种主要是通过社区所住单位和学校统一组织的形式，参与社区的志愿者活动，因此呈现出宣传招募方式单一的问题。

这一问题通过前文中的数据分析就可以看出：一方面社区对社区志愿者工作的宣传度有限，不利于优秀人才的召集；另一方面，社区并没有建立有效的制度对社区志愿者进行管理和培训，社区志愿者的整体工作必将在一个低水平的情况下运作。

通过问卷调查和走访显示：社区志愿者是以退休人员或者社区无业人员为主，相当一部分人从未接受过专业培训，有些志愿者只是通过简单的报名程序或被熟人引荐就加入了社区志愿者服务队伍。这说明社区志愿者在招募新成员时缺乏制度的设计及相关的考核环节，“门槛”很低。通过调查也可以发现，志愿者也普遍认为，成员缺乏培训是当前社区志愿者存在的主要问题之一。社区志愿者准入容易加之缺乏培训导致志愿者志愿服务意识

不强和服务水平良莠不齐，降低了社区志愿者的整体服务水平，制约了社区志愿者活动向更高层次服务发展。

（三）社区志愿者相关管理制度不健全、不规范，影响志愿服务效果的发挥

在调查中发现，社区志愿服务缺乏统一详细地规划，不少社区在组织志愿服务时具有临时性、随意性和无序性的特点，影响了志愿服务的质量。

基础管理制度的健全，应当使社区志愿者的管理做到常态化、规范化，每个志愿者应该明确自己的任务、工作目的、工作方式和要求及相关目标，制度化的管理不会因为人员的流动而影响服务的效果。

通过对问卷中居民对志愿者管理建议的整合分析显示：社区志愿者活动存在着志愿服务涉及领域局限化和活动内容较单一的问题，这说明社区志愿者体系仍然受传统观念影响，认为志愿服务就是专门针对老人、残疾人，或者特殊者的服务，而不能将服务视野扩大到社会成员的全面需求，这样就严重制约了志愿服务领域的开发，出现了志愿者“有事没人干，有人没事干”的状况，降低了服务效率。与此同时，有相当多的居民反映，觉得社区志愿者活动存在形式主义，效果差甚至毫无意义，没有对社区内现实存在的问题做出有益举动，而对一些次要问题小题大做。

通过对社区志愿者的访谈显示：一些社区志愿者在参加社区志愿服务时遭到了单位和家庭的反对。究其原因在于很多社区志愿者活动的开展过于耗费时间，社区志愿者因为参与了这些活动而减少了陪伴家人或参与家庭劳动的时间，更多的活动被其家人朋友视为费力不讨好、毫无意义浪费时间的事情，不支持不理解也就情有可原了。

同时，对社区居民的调查发现，对社区志愿者的活动，有不少居民觉得可有可无，缺乏了解，缺乏参与的热情与激情。

（四）对社区志愿者的评价与激励机制不健全

尽管近年来我国社区服务志愿者组织发展迅速，但总的来说，社区居民的志愿行为不足，参与程度较低，在社区建设中的作用仍然十分有限。社区志愿者的相关评价机制与激励机制不健全，影响了人们参与社区志愿服务的积极性。一个有思想的志愿者和奉献更多的志愿者是希望在志愿服务活动中学到知识、得到肯定。

在调查走访时得出的数据可以看出：近一半受调查者所在的社区缺乏对社区志愿者的考核评价机制，同时也缺乏对社区志愿者的激励机制，少部分社区志愿者认为社区的考评体制有待完善。调查中可以看出，四个样本社区对志愿者的考评与激励机制都不够完善，志愿者能否持续参加志愿服务在很大程度上取决于自己的热情与精力，人力资源管理中最能发挥作用的激励机制在志愿者队伍的管理中显得十分欠缺。

同时，一些志愿者认为社区内的志愿者活动存在着成员参与不足的问题，还有一部分志愿者提出自己所在的社区存在社区志愿者流动性大的问题，这表明由于参与的评估与激励机制不健全导致了志愿者积极性不高、志愿者流失严重等一系列问题。

从参与人员上面来看，社区可以拥有一些自己的志愿者资源，学校的学生即使毕业，社会人士即使是离职，还是可以从事社区的志愿者活动，他们相对于其他志愿者来说有经验，对社区的基本情况也比较了解。但是在脱离了学校和单位以后大部分人员都选择了离开社区志愿者服务，社区志愿者人员流失问题就是在激励方式上，相信志愿者在付出自己服务的时候，也希望得到回馈和肯定，社区应该建立健全激励方式，以此让志愿者的服务形成可持续的发展方式，不是为了志愿而志愿，而是为了一种归属感。

四、完善社区志愿者管理模式，优化志愿服务效果

社区志愿者作为一个重要的社会性人力资源群体，其管理水平的提升、管理效率的提高理应受到更加广泛的关注。但通过调研结果来看，从公众到社区居民甚至社区志愿者本身和社区志愿者管理层对社区志愿者的管理工作关注度明显不够，这是对宝贵的人力资源的一种浪费。规范对社区志愿者的管理，提升管理效率，应该加强以下几方面工作：

（一）稳定社区志愿者队伍，建立规范的招募机制并加强相应培训

规范社区志愿者的管理模式，首先要做到的是有足够充分的人才队伍。而目前社区志愿者招募模式单一，人员流动过快，直接影响其效果的发挥。

在调查中发现，每个社区的范围内都会有学校和社会单位，这是两个很好的社区志愿者来源地。学校在青年学生中培养志愿者思想，强化贡献社会回报社会的理念，定期参与社区的活动，定期为社区组织活动，增加社区居民和学生的交流，扩大社区志愿者的奉献精神。学校和社区之间建立良好的社会实践关系，将思想品德落实到实际行动上来。每个单位都有自己的企业文化，每个单位的企业文化都希望是上进的积极的，也希望在社会上有自己的公益事业，社区是开展公益事业的很好途径，发展自身也为社区带来利益是一种双赢的方法。

在社区志愿者的招募中，要加强社区志愿者甄选和培训。要利用现代组织管理理论，一方面加大对社区志愿者工作的宣传，同时也要建立起一套完善的招聘程序，把好入口关。在招募志愿者时应该进行相应的筛选，为社区志愿者体系挑选有志愿意识的优秀志愿者，从而提高社区志愿者的整体素质和服务水平。

同时，由于社会生活和需求的多元化，服务对象的需要也日益多样化，对社区志愿者的服务知识和技能要求越来越高，所以社区志愿者管理机构应适时对志愿者进行培训。培训不仅要加大投入力度，还要在培训内容上加强针对性。一方面进行与活动内容配套的短期培训，丰富社区志愿者的志愿服务知识和技巧；另一方面要加强对外的交流访问，借鉴同行的优秀志愿者活动的成功经验。

（二）健全社区志愿者日常管理制度，强化志愿服务效果

社区志愿者管理与普通意义上的人力资源管理相比来说，有其自身的特点和特殊之处，所以应该在日常管理中结合其特点来加强管理，真正发挥社区志愿者的作用。

社区志愿者都是利用自己的业余时间主动自愿地为社区提供服务的，因此，在日常管理中与常规意义的人力资源管理必然不同。社区志愿者的日常管理应着重以下几个方面：

首先，应该建立规范健全的志愿者档案，及时准确地掌握相关人员信息。信息中应该包括志愿者的基本个人情况，志愿服务的意向、专业特长等，这样才能为更好地发挥每个志愿者的优势提供前提条件。

其次，在志愿者服务中建立动态管理机制。社区志愿者是主动自觉为社会提供服务的人群，因此，应该为其作用的发挥提供相对宽松的环境，可根据志愿服务的内容建立弹性服务机制。应将社区志愿服务的内容常规化、系统化，根据志愿者的自身条件、时间、精力和意愿进行相应的管理，突出人性化，充分调动志愿者的积极性和主动性。

最后，统一社区志愿服务标准、规范社区志愿者服务内容。针对北京各社区普遍存在的社区志愿服务标准不一致这一问题，应该制定科学有效的社区服务标准，达到社区志愿服务规范化、具体化、明确化。减少在少数问题上的分歧，使北京市内社区志

愿服务统一规划，落实到户，增加更为体贴周到的志愿服务。定期开展各社区交流会议，介绍先进有效的服务经验，定期补充规范化细则，以完善社区志愿服务标准及规范。制定相关法规，明确社区志愿服务与物业服务的职责与义务，职责细化，防止双方因职责不明产生的推诿扯皮现象。

（三）健全和完善对社区志愿者的评价与激励机制

志愿者作为特殊的人力资源，其最特殊之处在于，志愿者组织本身是非营利组织。因此，通常意义上人力资源管理中的考评与物质激励相挂钩的做法不符合志愿者考评与激励的实际。但我们不能因此而认为，对社区志愿者的考核与激励是不重要的、无效的，这样势必会降低志愿者参加志愿服务的积极性和主动性。事实上，对志愿者进行科学合理的考核、评价与激励，是规范管理这支队伍的要求。

首先，建立科学的考评体系。建立志愿活动考评体系是对社区志愿者提供志愿服务的肯定。在某种程度上，考评是社区志愿者获得精神动力的一个重要的外部因素，而定期从德能勤绩 360 度全方位考核社区志愿者的行为，以提高志愿服务的质量和效率，使社区志愿服务走上有序的发展道路。当然，社区志愿者的考核与评价，应该与社区志愿服务的实际相结合，根据志愿者从事的不同的服务内容确定不同的标准。考核体系中既要有共性的、刚性的指标，又要有体现服务特点的、柔性的指标；考核标准中既要包括态度考核，也要包括能力和效果考核；考核指标的确立应该充分考虑信息采集的科学性和完整性，要从志愿者的行为、社区群众的反响、志愿服务的效果等多方面综合采集信息，使考核体系科学、规范、合理，更能体现社区志愿服务的特点。

其次，采用灵活多样的激励方法，留住优秀人才。目前，我国许多地方对以青年学生为主体的青年志愿者有比较规范和完整的激励机制。如河南省对参加大学生志愿服务西部计划的志愿者的优惠政策，不仅包括在服务期间可享受一定的生活补贴，服务期满考核合格，报考研究生总分加10分，报考西部地区公务员笔试总分加5分等优惠。许多地方对参加大学生志愿服务贫困县计划的志愿者除享受国家西部计划相关优惠政策外可获得一些特殊的政策支持，主要体现在升学、就业、报考公务员等的奖励加分上。由此可见，志愿服务也需要健全的激励机制，来更好地调动志愿者的积极性。同样，社区志愿者也需要激励，目前，对社区志愿者的常规激励主要分为两个方面，一方面对社区志愿者进行物质奖励，发放一些生活用品或者社区内商业体的代金券或津贴，组织志愿者旅游放松身心；另一方面对社区志愿者进行精神奖励，定期开表彰大会评比表彰志愿者先进集体和个人，授予荣誉和奖章，激励志愿者今后做更大的贡献。应该说，这些激励措施发挥了一些成果，但就其科学性、规范性、长效性和完整性来看，还十分欠缺，如何使激励措施真正地发挥其作用，促进志愿者更好地投入到社区服务中去，仍然是一个值得深入探讨的问题。

总之，在社区志愿服务日益为广大群众所需要、社区志愿者队伍人数日益扩大的今天，在志愿服务日益成为人们服务他人、回报社会途径的前提下，加强对社区志愿者的管理，对社区志愿者管理进行认真分析与研究，必将会对发挥志愿者的主动性和积极性、提高社区志愿服务的管理水平发挥重要作用。

参考资料

[1] 毕素华：《社区志愿者激励机制探析》，载《社会科学研究》2011年第6期。

[2] 陈爱萍：《社区志愿者激励机对策研究》，载《现代商贸工业》2011年第4期。

[3] 田思源：《我国志愿服务立法现状及构想》，载《法学》

2008 年第 5 期。

[4] 肖金明：《志愿服务立法若干问题的思考》，载《中国行政管理》2010 年第 8 期。

[5] 刘伟红：《社区治理—基层组织运行机制研究》，上海大学出版社 2010 年版。

[6] 朱国云：《社区管理与服务》，天津大学出版社 2010 版。

[7] 张文静：《中国非营利组织志愿者管理研究》2008 年。

[8] 陈卓：《志愿服务保障机制的法治化》，载《国际关系学院学报》2009 年第 1 期。

企业科技人力资源薪酬管理存在的问题及对策①

房宏君

薪酬是指个体因体力、脑力劳动的付出而获得组织支付的以工资、奖金、福利待遇以及金钱或实物形式支付的各种劳动回报。我国学者赵兰香（2004）认为薪酬制度包含4个部分：职工福利、工资性收入、工作本身所提供的乐趣、个人发展空间和人文环境建设；Wally Nichols（2006）认为未来薪酬有4个领域，即基薪、福利、工作环境以及学习和培训。可以说，目前新的薪酬模型不仅包括一个可见的反映雇员的基薪、长短期激励和福利的工资单，还包括一个隐性的工资单，它涉及职位生涯、个人成长激励等②。薪酬管理是指在企业整体发展战略指导下，对企业科技员工的薪酬水平、薪酬结构、薪酬发放依据、原则和方式、薪酬战略等进行明确、实施和改革的动态控制过程。良好的薪酬管理具有稳定优秀科技员工队伍、保障员工生活、提高组织竞争力、激励员工及优化人力资源配置、提高企业绩效的良好作用。本研究除了文献资料的调查研究以外，还设计了企业科技人力资源薪酬调查问卷，并通过了信度和效度检验，对北京、大连和郑州等地的21家较有规模的科技型企业的薪酬管理进行了深入的

---

① 基金项目：国家社科基金青年资助项目（12CGL003），北京市优秀人才培养资助项目（2011D005022000001），北京联合大学校级新起点资助项目（SK10201307，SK201218）。

② 陈涛、李廉水：《不同组织科技人员薪酬满意度影响因素的比较分析——基于江苏省12000份调查问卷的研究》，载《管理世界》2008年第1期。

调查。调查结果显示，目前我国企业科技人员的薪酬管理确实存在一些严重问题，并在一定程度上阻碍了企业的发展和社会经济的进步。

一、企业科技人力资源薪酬管理存在的问题

1. 企业科技人员薪酬收入偏低，与其劳动付出不成比例，外部竞争性不强

2008 年，中国科学技术协会调研宣传部开展的《中国科技工作者状况调查》[①] 显示，愿意子女将来从事自己职业的科技工作者仅占 19%，不愿意的达 51%，想更换职业和工作的原因主要包括：收入待遇太差（51.8%）、没有发展前途（41.4%）和工作压力大（33.5%）；科技人力资源对其所面临的住房分配制度、工作收入、发展空间、社会声望、成就感等满意度相对较低，表示满意者比例分别为 20.8%、20.9%、26.5%、31.6%、32.1%。从科技员工总体收入水平调查方面看，在当地普通职工的中等水平年收入在 3 万元以上，而科技工作者实际年收入尚不足 3 万元的比例达 48.4%；年收入不足 3 万元者，省会以上城市的科技工作者在四成以上，地、县级城市或地区的比例更高；年收入未达中等收入水平者，东、中、西部科技工作者的比例均在 40% 以上，说明科技工作者的收入整体上相对偏低；大多科技工作者表示："要做科研，就不要想挣大钱"，其首先考虑的不是有多高的收入，而是希望把工作做好，对经济收入的期待比较客观

① 中国科学技术协会调研宣传部：《2008 年中国科技工作者状况调查》，载《科技导报》2009 年第 13 期。

理性，反映出他们甘于奉献、报效祖国的精神境界[①]。从调查区域来看，发现浙江、新疆、广州等地的企业科技人员薪酬福利待遇情况不太理想。浙江民营企业科技人员对自己薪酬严重不满，如一些高学历科技人员认为没有得到与自己学历相应的收入，高职称科技人员也认为没有得到与自己职称相应的收入，企业内部员工所得收入与职称基本上没有什么关联[②]。对于新疆大型企业科技工作者的收入状况及满意度的调查显示，科技工作者对薪金状况的满意程度偏低，54%的自治区大型国企青年科技工作者对自己的收入感到一般，24%的调查对象对收入感到不太满意，9%对自己的收入非常不满意，仅有13%对自己的收入比较满意[③]。在对广州的调查中发现，49.7%的人员对福利和保障制度不满，对收入比较满意的只有19.3%，不满意的则占32.2%；福利和保障方面，只有11.4%的人员认为较好，48.1%的人员认为较差[④]。从调查行业的角度来看，国有煤炭企业科技人员对目前收入水平和工作环境条件普遍表示不满意，多数国有煤炭企业科技人员每月总收入一般在千元以下，困难企业甚至不到500元。总体来看，大多数企业科技人员对目前收入水平感到满意的比重仅为36.3%，感到不太满意或很不满意的比重为62.7%[⑤]，这种

---

① 中国科协发展研究中心“科技工作者需求状况调查研究”课题组：《求实、创新、报效祖国——中国科技工作者需求状况调研分析》，载《科技导报》2009年第3期，第104页。

② 王凌：《浙江民营企业科技人员现状调查与发展思考》，载《企业活力》2006第11期，第67—68页。

③ 司鸿恩、赵素芳：《新疆大型国企青年科技工作者状况调查研究分析及政策建议》载《山东纺织经济》2010年第1期，第48—49期。

④ 鲁汉玲：《企业科技人员组织承诺的实证研究》载《企业经济》2009年第7期，第68—71页。

⑤ 龚荒、付金会、张爱珍：《国有煤炭企业科技人才思想状况调查与分析》，载《煤炭经济研究》2002年第7期，第69—71页。

情况反映出了大多数企业科技员工薪酬福利没有满足员工基本需求，付出与回报不成比例也反映了薪酬福利管理违背了公正公平的伦理道德基本原则。

2. 企业科技人员薪酬福利体系不健全，缺乏利益保障机制，内部一致性、公平性欠缺

多数企业科技人员的薪酬体系的制定缺乏严谨的、合理的科学依据，有的企业因绩效考核不科学不合理使得薪酬福利制度也因此而出现不公平公正问题。有的企业因为薪酬福利制度执行不到位、过程不透明、不公开而产生各种违背伦理道德的情况。如2007年由劳动和社会保障部劳动工资研究所出版的《我国企业薪酬热点问题剖析》一书中，指出了北京中关村地区科技企业人力资源管理薪酬制度存在的问题：如科技园区内企业人员流动大，外地人口多，给科技人员的薪酬管理和社会保障管理带来了一定的困难；货币性薪酬构成单一，薪酬策略与企业战略匹配条件不够；薪酬信息收集困难，企业制定薪酬战略缺乏有效指导；中小企业薪酬决定模式随意，受企业所有者的主观意识支配较大，不利于整个企业流程化管理等。另外，秘密薪酬模式也是当前中关村地区几乎所有科技企业薪酬发放的主要方式，即员工的薪酬数量不公开，有些企业甚至禁止员工相互透露和打听各自薪酬所得。这种做法一方面的确可以避免员工不公平感的产生，缓解科技人员心理压力，也能够一定程度保证科技企业的稳定发展和个人的隐私，但是也存在着薪酬分配过程是否公开、标准是否公正、结果是否公平等众多人力资源管理伦理问题。调查发现，各项薪酬保障制度欠缺是普遍存在的问题，尤其是中小型民营科技企业的医疗、住房等社会保障机制普遍不健全，造成了人力资源管理成本加大等。此外，对于煤炭企业的科技人员来说，除了薪酬不满意外，其保障机制也不健全不完善，如大多数煤炭企业地处偏僻，城市功能配套性不强，其中规划设计、文化娱乐、环境

卫生及休闲空间等条件不理想，缺乏对科技人才的吸引力，而且科技人员的子女就学和就业等方面的后顾之忧不少。

3. 企业科技人员薪酬福利管理存在同工不同酬的歧视现象，管理人员与技术人员薪酬差异现象明显

前者主要体现为男女之间的薪酬存在较大差距，而且薪酬越高的职业，男女之间的差距越大。根据美国的一份调查资料显示，同一职位的男女员工初始工资的差距大约为10%，如男性工程师的每周工资为592美元，女性则为479美元；男性物理学家每周工资为564美元，女性为412美元；男性计算机程序员每周为478美元，女性为382美元等①。后者主要体现为近年来，科技人员的经济收入虽然有了大幅度的提高，但在企业内部薪酬分配上依然存在“官本位”的倾斜现象，如多数科技企业普遍实行的岗位工资制和职务工资制，为管理者增添了许多“正当合理”的各种管理津贴和福利待遇，其实际收入较同等资历的科技人员高出很多，间接导致科技人才整体待遇较低，给科技人才管理带来了负面影响，导致许多科技人员“弃研从政”，以追求更高的薪酬福利。这不仅影响了企业的整体科技创新水平，也造成企业内部管理层次增多，管理人员冗余现象，使得企业科技人员隐性减少，导致企业人才结构不合理，造成企业科技人才的一种隐性流失②。另外，在电力、电信、烟草等国有垄断行业中，科技人力资源同工不同酬的问题也十分严重③。上述情况在一定程度上体现出企业科技人员薪酬福利不公正、不合理现象，违背了基本

---

① 陈炳富、周祖成：《企业伦理学概论》，南开大学出版社2001年第1版，第264页。

② 袁慧：《国有企业科技人才队伍管理的误区》，载《石油教育》2002年第1期，第56页。

③ 欧阳润平：《企业伦理—实现义利统一的理论与方法》，湖南大学出版社2008年第1版，第108页。

伦理道德规范，给科技人员的管理带来了难题。

二、如何有效地进行科技人力资源薪酬管理

Buckley（2001）、Wells 和 Schminke（2001）对国外企业人力资源管理过程中的薪酬和奖励体系存在的问题进行的研究，认为在人力资源管理过程中，薪酬管理应该发挥其应有的作用，达到管理公平、激励高效与实施合法三个基本目标。也就是说，薪酬管理应体现为在合法且遵循一定的管理道德原则及规范的前提下追求管理效率与价值公平，即在这些原则指导下，积极做好薪酬制度制订工作、薪酬制度执行工作及企业信用形象建设等方面的薪酬管理工作。

1. 建立完善的能够体现公平性、公正性及合法性薪酬管理制度

公平性是薪酬管理体现出外部公平性（不同企业中相同职位或员工薪酬相同）、内部公平性（企业内部不同职位或员工的贡献与其薪酬成正比）和个人公平性（同一企业相同职位或员工的贡献与薪酬成正比），以避免目前很多国有科技企业出现的“一刀切”现象，严重影响员工的积极性和主动性，避免其薪酬管理出现公平性问题；公平建设要注意包括机会公平、分配公平和过程公平，机会公平要求同等条件的企业科技员工拥有同样的参与企业薪酬管理、提建议及发展机会等；分配公平是指企业在进行薪酬分配及采取各种奖励措施时，应按其业绩或绩效予以公平合理的发放薪酬，如 IBM 公司的薪酬战略实行绩效导向的薪酬制度，以科技员工绩效高低来支付薪酬，将高额的奖励分配给为公司做出贡献最多的人，以做到按劳分配，使每一个员工都能够积极主动地去开展工作；过程公平是企业制订薪酬及奖惩方案时，其决策标准或方法符合公正平等原则，程序透明公开、奖惩标准明确等。合法性是指科技企业的薪酬管理政策要符合国家法律法

规、政策及地方政府的政策法规及行政规章制度的规定，这是其最基本的原则之一，也是体现企业进行科技人力资源管理的最低的伦理道德要求。如《劳动法》规定的最低工资制度，社会保障法律法规中关于法定的社会保险（失业保险、养老保险、工伤保险、医疗保险、生育保险、死亡保险等）以及社会福利的明确规定以及工作日加点、周休日加班和法定节假日加班的法定薪酬支付规定等等。

2. 薪酬制度的执行过程要遵循透明、公开、及时和动态的原则

在薪酬制度的运行方面，应遵循透明公开的原则，避开现阶段大多数企业秘薪制（如包括联想集团在内的中关村地区88%以上的企业实施不公开的秘密薪酬制）或者保密薪酬制（即员工薪酬分配标准是公开的，但具体到某个员工个人的薪酬金额数量是保密的，这种做法缺乏透明度，有时很难保证薪酬的公平公正，否则为什么个人薪酬不敢公开呢），上述做法在某种程度上是为了防止员工在薪酬方面进行比较，怕出现敏感的薪酬公平问题，可以说这种做法是不科学的。薪酬制度的实施过程应该遵循公平、公正及合法原则，以科技人员的真正能力、工作绩效为主要导向，对科技人员可实行短期激励与长期激励相结合的原则。所谓及时原则主要是指对员工的薪酬发放应该及时到位，不能拖欠或迟延，不能违反劳动法律法规中关于按月足额货币发放等的相关规定，以避免有失公平。所谓动态原则是指薪酬管理应该根据环境的变化及时进行调整，要根据科技人员的工作业绩、创新能力及工作年限等情况而进行及时变革，以确保员工应得的合法利益不受到侵害，提高科技人员的满意度和信任感，以充分发挥其工作潜力。

3. 科技型企业要树立良好的企业信用形象，以“福利超市化”等新形式来确保薪酬福利管理更加人性化

人力资源管理强调以人为本，尊重人的主体地位，尽量满足人合理的物质和精神上的要求，把人的发展和目标放在第一位。相应的，在薪酬管理方面，企业首先要注意加强本身的信用形象建设，如果企业不坚守相关的薪酬制度或奖惩承诺，不讲信用或信用度较低，承诺的薪酬待遇或奖惩事项不能兑现或不完全兑现，或者不能保证公正地进行员工绩效评价，就会有失最基本的企业伦理道德守信形象，在员工心目中造成恶劣影响，使得员工无法相信企业管理的公正性，可能造成巨大的麻烦或困境，降低科技人员的积极性和主动性，甚至离职。其次，在企业信用形象建设过程中，企业应该始终做到以人为本的薪酬管理，务必确保企业中科技人员的相应奖金（如效益奖、年终奖、全勤奖等）、津贴补贴（如夜班津贴、住房补贴或贷款支持、车船补贴或贷款支持、防暑降温费用、特种作业补贴、伙食补贴、出差补贴等）和各项福利（各种社会保险、文娱活动、劳保用品等）都应该享有，企业还可以根据科技员工的特点及需求不同，将福利分成不同的等级项目来实施“福利超市化”，使得科技人员可以根据自己的工作资历及自身需求选择所需的福利项目，进而满足员工的不同需求，进行福利的人性化管理，确保科技人员得到这些应该得到的待遇，也使得企业的薪酬管理体现出其良好的伦理形象。

O* NET 系统在公共管理部门管理者胜任特征模型研究中的应用可行性分析

时　雨

20 世纪 70 年代早期，美国心理学家麦克米兰（McClelland）和 MCBer 公司协助美国国务院选拔去国外服务的新闻官员（Foreign Service Information Officers，FSCIOs），在此过程中，麦克米兰发现传统的性格测验和专业知识考试的成绩无法真实地预测个人在生活与工作上的成功和表现，并造成对于弱势群体的不公平。基于此，他于 1973 年发表了"测量胜任特征而不是智力"一文，对以往的智力和能力倾向测验进行了批评，主张采用胜任特征评估代替智力、能力倾向测试，并提出基于胜任特征的有效测验的六个原则。胜任特征概念的提出深深影响了美国心理学界和社会公众的观念（Barrett，Depinek，1991），并在世界范围内得以广泛推广。

胜任特征（competency）指"和参照效标（有效的绩效或优秀的绩效）有因果关联的个体的潜在特征"，换言之，胜任特征模型是围绕本职工作的具体要求，并与工作绩效密切相关的一套素质标准。麦克米兰把胜任特征划分为六个层次：技能、知识、社会角色、自我概念、特质和动机，并认为，技能和知识难于把表现优异者与表现平平者区别开来，因此属于基准性胜任特征（Threshold Competence），而社会角色、自我概念、特质和动机则是优异者在职位上获得成功所必须具备的素质要求，因此被统称为鉴别性胜任特征（Differentiating Competence）。Spencer & Spencer（1993）提出冰山模型来进一步解释人的胜任特征，他们知识和技能属于表层的胜任特征，较容易发现，也较容易通过培训来发展；而对于自我概念、特质与动机等位于水下冰山的部分，则相对较难改变和发展。

采用什么方法建立胜任特征模型，以保证其在人力资源管理系统设计中的效度，是多年来研究的热点。在过去的研究中工作任务/功能分析（问卷调查）、团体焦点访谈、行为事件访谈法、图片故事练习、团体多层次水平考查方法和德尔斐技术是评价企业高层领导者胜任特征的常用方法。

近年来，O*NET 系统在胜任特征模型的构建中发挥越来越重要的作用，O*NET 是 Occupational Information Network 的简写，这是一项由美国劳工部组织发起开发的工作分析系统，O*NET 工作分析系统设计遵循三个原则：多重描述（Multiple Windows）、共同语言（Common Language）和职业描述的层级分类（Taxonomies and Hierarchies of Occupational Description）。O*NET 设计了多重指标系统（如工作行为、能力、技能、知识和工作情境等），不仅考虑职业需求和职业特征，而且还考虑任职者的要求和特征；更重要的是，它还考虑整个社会情境和组织情境的影响作用。同时该系统具有跨职位的指标描述系统，为描述不同的职位提供了共同语言，从而使得不同职业之间的比较成为可能。O*NET 运用了分类学的方法对职位信息进行分类，使职业信息能够广泛地被概括，使用者还可以根据自己的需要选择适合自己的从一般到具体不同层次的工作描述指标。

O*NET 系统综合了问卷法和专家访谈法等各种工作分析方法，能够将工作信息（如工作活动、组织情境和工作特征等）和工作者特征（如知识、技能、兴趣）等统合在一起，不仅是“工作导向”的工作分析和“任职者导向”的工作分析的结合，考虑组织情境、工作情境的要求，而且还能够体现职业的特定能力要求。这部分的内容对于构建管理者的胜任特征模型提供了丰富分析资料。Hough 和 Oswald 在 2000 年指出，在经济和市场急剧变化的现代社会，O*NET 是工作分析和能力构建领域体现最新趋势的、能够应对新挑战的一大进展。

一、管理者胜任特征模型的相关研究进展

胜任特征模型（Competency Model）是指承担某一特定的职位角色所应具备的胜任特征要素的总和，即针对该职位表现优异要求结合起来的胜任特征结构。胜任特征模型主要包括的三个要素，即胜任特征的名称、胜任特征的定义指界定胜任特征的关键性要素和行为指标的等级反映胜任特征行为表现的差异。胜任特征模型的建构是基于胜任特征的人力资源管理和开发的逻辑起点和基石。在很大程度上，它是人力资源管理与开发的各项职能得以有效实施的重要基础和技术前提。胜任特征模型为我们选拔、培训、行为评价和反馈，以及后来的职业生涯发展提供了准确的依据。到目前为止，研究者们已经探索出多种程序来进行胜任特征模型的研究。其中最有代表性的是使用效标样本的经典程序，包括使用专家小组的简略设计以及为单一任职者和未来工作而进行的设计程序所归纳出的工作胜任特征评价方法、修改的工作胜任特征评价方法、灵活的工作胜任特征模型方法、通用模型的覆盖方法、定制的通用模型方法、资料收集和处理方法。

Spencer and Spencer 总结了他们 20 年中研究胜任特征的成果，提出了五个通用胜任特征模型，包括专业技术人员、销售人员、社区服务人员、管理人员和企业家，每一个模型都由十多个不同的胜任特征组成。其中，企业家的胜任特征模型包括以下胜任特征：（1）成就：主动性、捕捉机遇、坚持性、信息搜寻、关注质量、守信、关注效率；（2）思维和问题解决：系统计划、问题解决；（3）个人成熟：自信、具有专长、自学；（4）影响：说

服、运用影响策略；（5）指导和控制：果断、监控；（6）体贴他人：诚实、关注员工福利、关系建立、发展员工。1983 年通过对 216 名企业家进行的跨文化比较研究发现，能够区分优秀企业家与一般企业家的胜任特征有 7 个（分为四类）：第一类，成就：主动性、捕捉机遇、坚持性、关注质量；第二类，个人成熟：自信；第三类，控制与指导：监控；第四类，体贴他人：关系建立。王继承、时勘运用行为事件访谈方法（BEI），对我国通信业领导干部的胜任特征进行了实证研究。研究结果表明，我国通信业领导干部的胜任特征模型包括十项胜任特征：影响力、社会责任感、调研能力、成就欲、领导驾驭能力、人际洞察能力、主动性、市场意识、自信、识人用人能力，通信业领导干部在这十项胜任特征上显示出优秀组与普通组有显著差异。这一研究得到了与西方管理人员大致相符的胜任特征模型，在我国首次验证了胜任特征评价更能全面区分出优秀领导干部与普通领导干部。仲理峰、时勘（2002）通过对 18 名家族企业高层领导者的行为事件访谈，建立了我国家族企业高层领导者胜任特征模型，包括威权导向、主动性、捕捉机遇、信息寻求、组织意识、指挥、仁慈关怀、自我控制、自信、自主学习、影响他人等 11 项胜任特征。而威权导向、仁慈关怀是我国家族企业高层领导者独有的胜任特征。

二、胜任特征模型建模的方法学研究进展

在胜任特征常用的方法包括工作任务/功能分析（问卷调查）、团体焦点访谈（Focus Group Interview）（Mansifield，McClelland ，Spencer & Santiago ，1987）、行为事件访谈法（Behavior Event Interview）、图片故事练习（Picture Story Exercise）、团体多层次水平考察方法（SYMLOG，Systematic Multiple Level Observation of Groups）（Bales & Cohen，1979）和德尔斐技术（Delphi method）。

工作任务/功能分析指运用书面问卷、时间记录表等来调查或记录特定时间内某工作的任务、功能或行为特点，其优点可以通过了解某工作所需的特定活动/任务的特点产生完整的工作说明书，并在此基础上得到相对应的工作技能、风格等深层次胜任特征指标，其不足之处在于，提供的是工作的特色而非绩效良好员工的特色。

关键行为事件访谈（BEI）要求受访者详细描述他们在工作过程中的最成功或最失败的经历（如当时的情境怎样？牵涉哪些人？当时是怎样想的？感觉如何？怎样做的？结果是怎样的？等），其优点可以准确地显示有杰出表现的工作者，如何处理特定的工作任务或困难情境中的问题。它合理地结合了关键事件访谈和主题统觉测验（TAT）的各自特点，能够有效地揭示受访者个性与认知风格，为构建胜任特征模型提供非常宝贵的资料，并可以证实其他方法所产生的胜任特征指标是否正确，并发现新的指标；但所付出的时间和经济成本也比较高。

团体焦点访谈又可以称为专家小组座谈，它主要指研究人员邀请一群专家，请他们通过大脑风暴法，决定哪些指标是完成工作任务的起码要求，哪些是杰出表现者的特色，其优点在于，专家们对工作本身和胜任特征的概念、评估方式等均有较好的了解，其参与有利于快速、有效地收集到大量宝贵的验证性资料。当然，也可能由于缺乏工作实践而使所得结果过于理论化，脱离实际。但能最终决定所构建的胜任特征模型能符合组织的当前的战略目标及其实际情况。另一方面，由于团队焦点访谈涉及的行为都是针对企业当前的战略和执行任务模式，如果企业的战略目标和经营模式发生变化，通过团队焦点访谈获得的结果就有可能与新的企业战略不符，需要企业重新投入人力物力修正胜任特征模型。

McCormick（1976）将工作相关信息区分为以下类型：工作活动、工作绩效（如，时间耗费和误差分析）、工作环境（如社会环境和工作条件）、机器、工具、设备和工作辅助项的使用；工作相关的有形资产和无形资产，例如待处理的材料和提供的服务以及人员要求。特别是，工作活动和人员要求是研究的主题。工作活动可以区分为工作取向的活动和员工取向的活动。工作取向的活动通常指的是工作中要完成什么；员工取向的活动是指，工作中的行为表现（例如，决策制定）。人员要求包括知识（K），技术（S），能力（A）和其他特征（Os），合称为KSAOs。然而，Harvey（1991）和Harvey，Wilson（2000）指出，工作分析方法应该独立于完成工作的员工特质，描述外现的工作行为，并且工作分析数据应该是可证实的可再现的。Raymark，Schmit和Guion（1997）提出在管理者评价选拔中还应进一步关注管理者管理风格、管理者人格等方面的因素，而既往胜任特征建模方法对此却很少涉及。1999年，美国劳工部注意到了上述工作分析方法的不足，在新的国家职业分类中，关注了任职者工作风格以及人格方面的内容，重新构建了美国国家职业分类系统，即著名的"O*NET"，在O*NET中描述员工特征时就包括了能力、工作风格、职业价值观及兴趣等内容。O*NET是美国劳工部的新职业分类系统，取代了"旧的"职位分类大典（DOT；Mumford & Peterson，1999）。2009年，国家人力资源与社会保障部借鉴世界典型职业分类（其中主要参考了O*NET），开始重新建立职业分类大典，迄今为止，该项目采集了各行业大量的职位信息，形成了比较成熟的分类和管理体系。同时，在以上研究的基础上，人社部通过数据的收集和系统分析，建立了学历文凭制度和职业资格制度的关联体系。

现有的胜任特征建模方法哪种更为合适，哪种方法的数据基

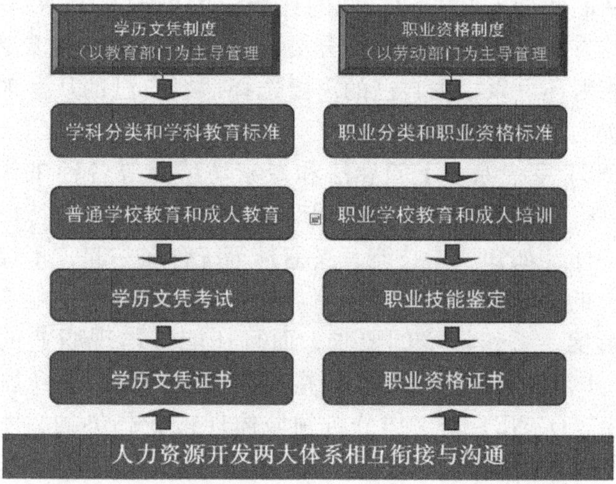

图 1　学历文凭制度和职业资格制度的关联体系

础更丰富，哪种更适于中国情境，亟须胜任特征建模的方法学给予技术支撑。

三、O * NET 工作分析系统

O * NET 是 Occupational Information Network 的简写，这是一项由美国劳工部组织发起开发的工作分析系统，O * NET 工作分析系统设计遵循三个原则：多重描述（Multiple Windows）、共同语言（Common Language）和职业描述的层级分类（Taxonomies and Hierarchies of Occupational Description）。O * NET 设计了多重指标系统（如工作行为、能力、技能、知识和工作情境等），不仅考虑职业需求和职业特征，而且还考虑任职者的要求和特征；更重要的是，它还考虑整个社会情境和组织情境的影响作用。同时该系统具有跨职位的指标描述系统，为描述不同的职位提供了共同语言，从而使得不同职业之间的比较成为可能。O* NET 运用了分类学的方法对职位信息进行分类，使职业信息能够广泛的被概括，使用者还可以根据自己的需要选择适合自己的从一般到具体不同层次的工作描述指标。

O* NET 系统综合了问卷法和专家访谈法等各种工作分析方法，能够将工作信息（如工作活动、组织情境和工作特征等）和工作者特征（如知识、技能、兴趣）等统合在一起，不仅是“工作导向”的工作分析和“任职者导向”的工作分析的结合，考虑到组织情境、工作情境的要求，而且还能够体现职业的特定要求。Hough 和 Oswald 在 2000 年指出，在经济和市场急剧变化的现代社会，O* NET 是工作分析领域体现最新趋势的、能够应对新挑战的一大进展。

虽然 Hollander 和 Harvey 曾对 O* NET 数据收集方法提出一定的质疑，但 Jeanneret 和 Strong 根据 Job Component Validity（JCV）的模型，采用 249 个职业的工作分析数据和能力倾向测验数据，发现 O* NET 的一般工作活动未来预测能力倾向测验（GATB）分数的效度很好，证明采用 O* NET 工作分析来确定人员选拔的工具是可靠的。

国内也有学者运用 O* NET 对人力资源管理等职位进行了工作分析，并发现该工具具有较好的信效度指标。目前，美国劳工部正在应用该系统建立美国国家职位分析信息数据库，并且定期进行更新，以适应不断变化的工作性质和内容的需要。收集到的信息有两个主要用途：一是将工作信息和任职者特征进行比较，得到人职匹配的资料；二是比较任职者和组织特征信息，得到员工—组织匹配的资料。因此，O* NET 不仅可以帮助求职者和毕业生寻找新工作，而且能够为组织选拔招聘称职的员工提供有效资料。

近几年来，国家人力资源和社会保障部也应用 O* NET 进行了大量的数据采集和分析，已经积累了大量数据信息，也为胜任特征以后的研究提供了珍贵的数据基础。国家人力资源和社会保障部根据中国国情，将大部分的 O* NET 问卷进行了修订。在问卷的修订过程中，使用了“翻译—回译”程序来保证不同版本问卷的等价性。问卷的信度和效度通过探索性因素分析和验证性因素分析得到了验证。同时国家人力资源和社会保障部基于 O* NET 系统开发的胜任特征模型网络系统（Competency Model Networking，CMN）。该系统利用网络技术建立一个职位分类系统，互联网客户可以利用这一系统从实例库中查询相应的职位说明书及职位通用胜任特征，对于没有参考范例的互联网客户，则可以通过工作分析问卷得到相应的职位说明书和胜任因子，并通过职业系数修正和行业系数修正得到职位通用胜任特征。这一系统的建立还处于初级阶段，是国内胜任特征模型研究发展的重点。在构建过程中，CMN 更多运用大量职位和行业数据，并在此基础上进行系统分析并获得胜任特征模型。和上述方法相比，这一方法会明显降低新职位胜任特征模型的构建以及在组织战略进行调整的情况下对原有胜任特征模型进行调整所带来的成本，同时也能规避上述方法专家的个人偏见给胜任特征模型构建带来的影响。通过 CMN 系统的建立，研究者可以获得更广泛的行业数据，对行业之间的类似职位进行比较，为求职者进入特定的职位簇，以及在职位簇之间，甚至行业之间进行工作转换提供了有力的数据支持，降低求职者的工作获得、职位转化以及职业生涯发展的成本，能有效提高劳动者的工作满意度，帮助劳动者实现自己的职业梦想，进一步促进劳动者的幸福感。同时，CMN 也能帮助政府和企业精准地对就业培训，人职匹配提供数据支持，有效的提高政府和企业的人力资本的投入产出比。

四、关于公共管理者通用能力标准的相关研究

从20世纪30年代以来，心理学家们进行了大量的研究，希望发现有效管理学者个性差异。其中，特质理论在确定与领导关系密切的特质方面的研究，取得了令人瞩目的结果。John Gardner（1989）在研究了大量北美组织和领导者后得出结论：有一些品质或人格属性确实能够保证领导者在不同情境中的领导有效性。这些品质或人格属性包括：生理活力和耐力、智力和行为定向判断、承担责任的渴望、任务胜任力、理解下属及其需要、人际技能、成就需要、激励人的能力、勇气和决心、值得信任、坚定、自信、决断力、灵活性和适应性。S. A. Kirkpatrick 和 E. A. Locke（1991）的研究发现领导者有6项特质不同于非领导者，即进取心，领导意愿，正直和诚实，自信，智慧和与工作有关的知识。G. H. Dobbins（1990）则基于充足的证据认为高自我监控者比低自我监控者更易于成为群体中的领导者。

被称为“新特质理论”的领导归因理论和魅力型领导理论则为进一步确定领导者的个性特点提供了新的依据。R. G. Lord 等发现人们倾向于把领导者描述为具有这样一些特质的人，如智慧、随和的个性、很强的言语表达能力、进取心、理解力和勤奋等。Robert House（1977）通过研究认为具有领袖魅力的领导者的特点是：极高的自信、支配力以及对自己信仰的坚定信念。Warren Bennis（1984）在研究了90位美国最杰出和最成功的领导者的基础上，发现他们具有四个共同的特点：有令人折服的远见和目标意识、能清晰地表述目标使下属明确理解、对目标的追求全身心投入、了解自己的实力并以此为资本。

最新的变革型领导理论则为探讨新型领导者的素质特征和行为风格提供了新的视野。Bernard M. Bass 基于长期研究认为变革

型领导者的四个主要行为特征是：领袖魅力、感召力、智力刺激和个别化关怀，并设计了测量变革型领导行为的测量工具 MLQ。P. M. Podsakoff 等（1990）也对变革型领导者及其行为和结果进行了实证研究，发现与变革型领导者相联系的行为通常有六类：表明目标、树立适当的典型、鼓励认同集体目标、良好表现的期望、个体化的支持和智力刺激。时勘、李超平（2003）的研究则发现，我国的变革型领导是一个四维的结构，包括愿景激励、德行垂范、领导魅力和个性化关怀。

从以上关于领导者素质和行为特点的研究成果可以看出，①所列举的各种人格特质和行为风格中，既包括区分高绩效领导者与一般领导者的指标，也包括区分领导者与非领导者的指标。这说明，以上指标并非都是胜任特征指标，因此不经过严格的实证检验，就不应该简单地将其照搬入组织部门领导干部的胜任特征模型中。②对于高水平的领导者应该具备哪些个性特征和行为风格特点的研究结果有共同之处但也有明显差异。究其原因，既可能与不同研究所采用实验调查、统计分析方法不同有关，也可能与研究对象、研究情境、不同的文化特点等有关。领导者应具备的品质、个性和技能在很大程度上由他所处环境的需要决定。这说明，我们在开展领导者胜任特征研究时，可以合理参照并吸收国内外现有领导理论的研究成果，但要基于我国的具体情况、研究对象所处岗位的特殊要求和自身特点而有所舍弃，同时，我们也要关注不同胜任特征之间的内在联系。

公共部门管理者是国家公职人员，是人民的公仆，同时也是保障中华民族伟大复兴的公共人力资源。早在 2003 年，为贯彻落实党的十六大提出的“加强党的执政能力建设，提高党的领导水平和执政水平”要求，进一步开发公务员人才资源，促进公务员队伍能力建设，造就一支高素质、专业化的公务员队伍，原人事部向全国的公务员系统印发了《国家公务员通用能力标准框架

(试行)》，并且要求各地区、各部门在公务员培训、录用、竞争上岗、考核等工作中，要以标准框架为参考依据，体现通用能力的要求，并根据不同职务公务员的特点制定细化的标准。标准框架包含的通用能力主要有：政治鉴别能力、依法行政能力、公共服务能力、调查研究能力、学习能力、沟通协调能力、创新能力、应对突发事件能力和心理调适能力等九个方面。该标准框架对副主任及以下级别公务员需具备的九大能力的定义给出了详细的分解和说明，但对于如何培训提升这些能力则没有探讨。

2005 年在全国组织系统深入开展了“加强组工干部队伍能力建设”活动中，原中组部部长贺国强同志概括了组工干部应着力提高的“五种能力”，即政治鉴别能力、政策运用能力、知人善任能力、组工业务能力、拒腐防变能力。这五种能力集中反映了党中央对组织部门和组织工作的一贯要求，同时也体现了新时期组织工作的特色，但上述研究属于实践中的经验总结，缺乏必要的实证研究数据支撑。

2006 年北京双高人才发展中心和北京大学心理学系王登峰教授合作，通过对 6000 名党政领导干部的访谈、问卷调查和统计分析。提出党政领导干部的胜任力模型应包含以下 7 个维度：工作能力、自我约束、政治素质、领导能力、学习能力、协调能力和以人为本。2007 年国家行政学院教授胡月星研究组通过调查问卷对宁波市厅局级党政领导干部进行了研究，研究显示：厅局级党政领导干部核心胜任特征 12 个，分别是：沟通协调能力、结果导向、创新能力、学习能力、危机管理能力、心理调适能力、决策能力、组织能力、用人激励能力、调查研究能力、统筹规划能力、信息整合能力。其中，创新能力（被选择总频次为 272 次）、决策能力（244 次）、沟通协调能力（235 次）、知人善任能力（200 次）、合作共事能力（187 次）等五项能力为核心胜任能力要素。从调查统计分析看出，厅局级领导干部与处级领导干部的胜任特征存在一定差距，但并不明显。2008 年，北京大学政府管理学院肖鸣政课题组，通过对党政领导人才素质标准相关理论进行深入探讨，以某中央部委机关党政领导人才群体为样本（北京大学政府管理学院的 MPA 班学员，共发放200 份问卷，收回有效问卷 160 份），通过调研访谈、问卷调查等研究方法，构建了由政治素质、知识素质、能力素质、基本心理素质、品德素质、观念与理念素质以及工作经历与学历等 7 个一级指标的党政领导人才素质模型。上述研究均为探索我国公共部门领导干部的素质模型做出了贡献，但可以看出，出于研究时间、成本等方面的考虑，上述研究都采用了小样本访谈加大样本调查问卷方式来构建领导干部素质模型，因此研究结果可能存在着“方法效应”的影响。

美国是世界上较早关注公共部门管理者能力建设的国家，早在 1994 年就出台了高级公务员（senior executive service 简称 SES）的能力架构，并于 1998 年对高级公务员的能力架构进行了较大的调整，2003 年进行了微调，沿用至今。美国的高级公务员是指 GS16 至 18 等级，肩负管理或行政领导职责的公务人员。美国联邦人事总署通过对私营部门和公共部门成功的高级执行官员特质的广泛研究，提出了高级文官的核心能力资格（The Executive Core Qualifications，ECQ’s），包括以下五个方面：

一是对变革的领导（Leading Change）。对变革的领导能力资格指的是在整合国家和具体项目的关键目标、公共价值等因素的基础上，构建组织的愿景并致力于愿景实现的能力。这一资格涉及的首先是公务员应对与平衡各种现实变化的能力；其次是在现有的政府基本框架内，不断改进对客户的服务，不断提升项目运作绩效的能力；再次是创建鼓励创新思考工作环境的能力；最后是精力集中、持续的高强度工作能力，即使在逆境中仍能够坚持如此。二是对人的领导（Leading People）。这一能力指的是设计并实施一种战略，使员工潜能最大化，使员工拥有较高的职业道德水准，以此满足组织的愿景、任务和目标的需求。三是结果驱动（Result Driven）这一能力资格强调责任心和持续发展，及时有效地作出决策；通过战略规划、执行和对计划、政策的评估实现高效能的产出。四是敏锐的商业管理（Business Acumen）。这一能力资格指的是采用公共信任的手段获取并管理人、财、物、信息等资源，完成组织任务；利用新技术手段改进决策。五是建立联盟/沟通（Building Coalitions/Communication）。这一能力资格指的是以具有说服力的方式方法，推广理念，解释事实的能力；与组织内外的个人、群体进行协商的能力；发展广泛的组织外部职业网络的能力；对组织内外政治因素的认知能力。

2012 年美国密歇根州对公共部门领导者的胜任特征重新进行了研究，采用三级行为锚定评分量表对高级公务员胜任特征进行了重新界定。该胜任特征模型包括：第一部分为核心胜任力维度，核心胜任力由适应性、沟通能力、关注于顾客服务、决策能力、创新能力、技术/专业知识和技能部分素质指标构成。第二部分为管理行为与资源维度，由规划和组织工作以及授权两个素质指标构成；第三部分为管理个人和团队维度，由建立信任、组建成功的团队、绩效关注、冲突管理四个素质指标构成；第四部分为领导变革维度，由促进变革和构建合作关系两个素质指标构成。

2008 年 7 月乔治亚州人事管理委员会重新编制了《乔治亚州行为胜任力词典》（Georgia's Behavioral Competency Dictionary, GBCD）以替代原有的劳动力计划胜任力词典（Georgia's Competency Dictionary for Workforce Planning, GCOMPS），新的胜任力词典突出特色是更加关注政府绩效评估过程，相应的素质指标与人事选拔工具紧密相关，具有极强的操作性。乔治亚州《行为胜任力词典》包括 5 项全州通用的核心素质指标，2 项领导力素质指标，通用的核心素质指标适用于全州所有公务员。领导者必须具备其他领导力素质指标的要求。全州通用的核心素质指标：顾客服务、团队合作、结果导向、责任心和判断和决策。领导力素质指标：人才管理和政府的保护者。其他素质指标：沟通、冲突管理、创造和创新、文化敏锐性、灵活性、首创精神、协商和影响、专业发展、项目管理、指导他人以及团队领导。

澳大利亚公共服务委员会（Australia Public Service Commission）将公务员分为初级、中级和高级公务员三个层次，大体相当于我国的处级、局级和副部级三个层次 。设立高级公务员序列是澳大利亚20世纪80年代公共行政改革的一项重要内容，其主要目的培养一批具有较高政策水平和综合管理能力的高级管理人员，以加强政府机构的行政能力。高级公务员除要遵守统一的公务员价值观和行为规范外，还要符合公务员与功绩保护委员会制定的《高级公务员能力框架》标准。如塑造战略思维的能力。能够根据政府的要求，勾画出符合本组织实际的前景和目标。能将综合性的战略转化成他人能够理解并可以付诸行动的术语。在整个战略背景下，能够给他人提供行动和优先考虑问题的整体框架，以及比较清晰的奋斗目标和方向。

上述研究均为探索我国公共部门管理者胜任特征模型构建提供了很好的思路，但可以看出，不同的文化背景和不同的政治体制下，对公共部门管理者胜任特征的要求是不同的。此外，在新的历史背景下，特别是实现中华民族伟大复兴对公共部门管理者提出了新的要求，在过往的研究中，尚未有将O*NET系统应用在公共部门管理者的研究报告，介于O*NET系统具有跨职位的指标描述系统，为描述不同的职位提供了共同语言。因此，如果能基于O*NET系统并在上述研究基础上进行拓展，重新构建国家公共部门管理者胜任特征模型。由于我国公共部门管理者的职位设置，岗位职责和能力要求在各省市均有一定的普遍性，如果能以并以 O * NET 系统的分析结果为基础并有针对性地开发培训模式，可以提高公共部门领导干部培训的成效，可以在各省市的公共管理部门进行推广，从而可向其他类型的组织进行推广，这将不仅具有重要的理论和方法学意义，更具有重大的实践意义。

参考文献

[1] 范维澄、刘奕：《城市公共安全体系架构分析．城市管理前沿》2009 年版。

[2] 付亚林、许玉林：《绩效管理》复旦大学出版社 2003 版。

[3] 李超平、时勘：《如何建立员工素质测评系统》，载《中国人力资源开发》2000 第 3 期，第 33－35 页。

[4] 李晓轩、时勘、石兵：《中国科学院法定代表人年薪制的实践与思考》，载《科研管理》2001 年第 6 期，第 97－101 页。

[4] 时勘：《人力资源开发的心理学研究概况》，载《管理科学学报》2001 年第 3 期，第 16－25 页。

[5] 时勘：《人力资源管理心理学的研究进展》，载《当代中国心理学》2001 年第 3 期，第 507－512 页。

[6] 时勘、安鸿章：《国家职业资格考试指南：企业人力资源师》，中国劳动社会保障出版社 2012 年版。

[7] 时勘、侯彤妹：《关键事件访谈的方法》，载《中外管理导报》2002 年第 3 期，第 52－55 页。

[8] 时勘、卢嘉：《管理心理学的现状与发展趋势》，载《应用心理学》2001 年第 2 期，第 52－56 页。

[9] 王继承、李超平：《企业高层管理者胜任特征模型的评价研究》，载《心理学报》2002 年 3 期，第 306－311 页。

[10] 张宏云、杨继锋：《360 度反馈评价模式》，载《中国人力资源开发》2000 年第 12 期，第 38－40 页。

[11] Barrett, G. & Depinet R.. A Reconsideration of testing for competence rather than intelligence. American Psychologist, 1997, 1012-1023.

[12] Jeanneret, P. R. & Strong, M. H. Linking O* NET job analysis information to job requirement predictors: An O* NET application. Personnel Psychology, 2003, 56 (2), 465-492.

[13] Jiafang Lu & Kan Shi. A Longitudinal Study on Effects of Performance Management in State Owned Enterprises of China. XXV International Congress of Applied Psychology, Singapore, 2002, 6-10 July.

[14] Mark R. Edwards & Ann J. Ewen. 360 degree feedback: the powerful new model for employee assessment & performance improvement. American management association, 1996.

[15] Paul R. Niven.. Balanced scorecard step-by-step: Maximizing performance and maintaining results. John Wiley & sons, 2002.

[16] Peterson, N. G. Mumford, M. D. Borman, W. C. Jeanneret, P. R. Fleishman, E. A., Levin, K. Y., et al. Understanding work using the occupational information network (O* NET). Personnel Psychology, 54, 451-492.

[17] Robert S. Kaplan, David P. Norton. The strategy-focused organization: How balanced scorecard companies thrive in the new business environment. Boston: Harvard Business School Publishing Corporation, 2001.

[18] Sanchez, J. I.. Adapting work analysis to a fast-paced and electronic business world. International Journal of Selection and Assessment, 2000 (8), 207-215.

[19] Spencer, L. M., McClelland, D, C, & Spencer, S.. Competency assessment methods: History and state of the

art. Boston: Hay – Mcber Research Press, 1994.

[20] Summers, A. , Timothy, P. & Suzanne B. . Strategic skills analysis for selection and development, Human Resource Planning, 1997 (20), 14 – 19.

[21] Zhaoli Song, Marilyn A. Uy, Shuhua Zhang & Kan Shi. Daily job search and psychological distress: Evidence from China. Human Relations, 2009, 62 (8), 1171 – 1197.

第二编

人力资源开发

北京联合大学毕业生心理资本状况及其对就业预期影响的实证分析

陈雄鹰　吕长莉

随着高校毕业生就业问题日趋突出，如何利用各类资源解决好毕业生的就业问题、提高毕业生的就业质量已成为社会关注的焦点问题。相关研究表明，良好的精神面貌、优秀的心理素质和积极的求职态度是求职成功的重要方法。高校作为培养人才的重要阵地，顺应社会对人才的新需求，积极培育大学生心理资本，是增强人才核心竞争力的重要问题之一。因此，如何挖掘毕业生自身的心理潜能，提升毕业生的心理资本，是有效提高毕业生就业竞争力，切实解决毕业生就业难问题的关键所在，也是关乎教育发展和社会进步的重要课题。

心理资本这一概念由美国著名学者路桑斯于 2004 年提出。主要是指个体在成长和发展过程中表现出来的一种积极心理状态，是超越人力资本和社会资本的一种核心心理要素，是促进个人成长和绩效提升的心理资源。

在就业形势严峻的今天，心理资本对就业预期的影响作用日趋明显。在大学毕业生逐渐增长的社会中，如何把握心理资本这种心理资源，成为大学毕业生就业择业的关键问题之一。

一、心理资本概述

心理资本这一概念由美国著名学者路桑斯于 2004 年提出。

主要是指个体在成长和发展过程中表现出来的一种积极心理状态，是超越人力资本和社会资本的一种核心心理要素，是促进个人成长和绩效提升的心理资源。

目前，关于心理资本的内容主要研究路桑斯提出的四个维度研究，主要包括以下四个方面：

第一，自我效能感（Self－efficacy），也称为自信，指个体对自己在特定的情境里能够激发动机、调动自身认知资源以及采取必要行动来成功完成某一项特定工作的信念（或信心）。

第二，希望（Hope）。希望由两大因素决定，即路径力和意志力。一个人要想成功，就必须拥有想要成功的意愿。而意愿的产生，首先要拥有意志力，同时也要拥有个人实现目标的途径。意志力和路径是达到目标的坚定意愿，这种意愿可促使个体不断地奋斗和前进，使我们拥有想要成功的勇气及信心。大学毕业生通常把希望视为一个目标，一个助力，而目标的达成，意愿的实现，仅仅拥有目标是远远不够的，还应有实现意愿的路径，并且当一个路径不能实现目标时，能够使用其他方法继续进行，从而达到目标。

第三，乐观（Optimism）。马丁·塞利格曼，积极心理学运动之父，曾经这样形容乐观，他认为乐观是一种风格，或者说一种归因方式，也就是把积极的事件归因于自身的、持久性的和普遍性的原因，而把消极事件归因于外部的、暂时性的及与情境有关的原因。心理资本中所论述的乐观不是盲目的、不现实的，它主要是指现实和灵活的乐观，并且在个体归因时首先应进行客观的，对现实的评价，然后选择积极的归因方式。

第四，韧性（Resilience）。路桑斯认为韧性是一种可开发的能力，它能使人从逆境、冲突和失败中，甚至从积极事件、进步以及与日俱增的责任中快速回弹或恢复过来，韧性对于提升个人的能力和社会的人力资本有重要的指导性意义。

心理资本有助于毕业生能力的提升，能使毕业生客观地看待自身优劣，以进取的心态积极的发展自己的能力。在自我效能感这一方面，自我效能感较高的毕业生拥有更高的自我观察自我发现能力，能够在自身不足的情况及时发现，及时补救，使之成为优势得以发挥；在希望这方面，希望能够促进毕业生积极向上以饱满的情绪积极进取、勇于尝试，在每一次的尝试过程中使自己的能力得到提升；在乐观这方面，乐观的情绪可以使毕业生在能力提升过程中受到阻碍时，及时调整，避免失望情绪的产生，当预计到积极的结果将出现时，更加努力的为之奋斗；在复原力这方面，拥有较高的坚韧性，在毕业生学习生活中，锲而不舍，挑战更高目标，适应外界变化调整自己，从而使能力得到提升。

二、北京联合大学毕业生心理资本状况的调查分析

（一）北京联合大学毕业生心理资本的基本情况

为了更加准确地了解北京联合大学毕业生的心理资本状况，在参考了很多一手文献资料的基础上，本文设计编写了《北京联合大学毕业生心理资本状况及其就业预期影响的调查》预试问卷结构和题目选项。在问卷编写完成以后，按资源随机抽取了100名北京联合大学毕业生为被试进行测试。分析结果如下：

第一，自我效能感。在自我效能感的调查中，被调查的毕业生有18%的毕业生觉得自己特别自信，有42%表示自己有自信，认为自己自信一般的为27%，有12%的毕业生认为自己比较不自信，而认为自己特别不自信的毕业生为1%。

第二，希望。在测试希望的调查中，被调查者中有17%的毕业生具有很高水平的希望值，有43%的毕业生拥有高水平的希望值，有31%的毕业生拥有一般水平的期望值，有7%的毕业生拥有较低水平的希望值，有2%的毕业生拥有低水平的希望值。

第三，乐观。在被调查的毕业生中，有 7% 的毕业生乐观程度很高，有 36% 的毕业生乐观程度高，有 28% 的毕业生乐观程度一般，有 27% 的毕业生乐观程度较低，有 2% 的毕业生乐观程度低。

第四，坚韧。在被调查的毕业生中，有 7% 的毕业生坚韧程度很高，有 36% 的毕业生坚韧程度高，有 28% 的毕业生坚韧程度一般，有 27% 的毕业生坚韧程度较低，有 2% 的毕业生选坚韧程度低。

第五，感恩。在被调查的毕业生中，有超过 90% 的毕业生非常感激别人对自己的付出，感恩自己所拥有的一切。

（二）北京联合大学毕业生心理资本的特点

根据以上分析可以看出，北京联合大学毕业生的心理资本总体具有以下特点：

第一，毕业生心理资本是一个多维度多层次的结构系统。主要包括自我效能感、希望、乐观、坚韧、感恩五大因素。其中，自我效能感、希望、乐观、坚韧性可以归为个体心理资本；感恩可归为关系心理资本。个体心理资本为毕业生择业树立正确的就业观，而关系心理资本为毕业生在以后的工作生活过程中，更好地处理人际关系奠定良好的基础。

第二，毕业生的心理资本状况属于积极心理学范畴。大多数毕业生各个维度的状态都是积极的心理力量。积极的心理资本将有助于缓解他们的心理压力，提高就业竞争力，从而在异常激烈的就业竞争中获得优势。还能够使他们用积极的态度面对周围的一切，能够用积极的方式处理人际关系，就等于给自己的人生旅程带足了水、盐、干粮，最经济易得。在就业过程中没有保姆呵护，也没有特权关照，有的是面对突发状况的应对自如，和自己足够强大的内心。

第三，各个学院、各个系科心理资本状况差异不明显。此次调查共涉及 8 个学院的十几个专业，统计结果显示，学院之间以及专业之间，毕业生的心理资本状况大体相同，差异并不明显。这表明，北京联合大学毕业生心理资本状况是一个整体，不具有分割性。

三、北京联合大学毕业生就业预期调查分析

为了调查北京联合大学毕业生的就业预期情况，本文设计并编写《北京联合大学毕业生心理资本状况及其就业预期影响的调查》问卷。从五个方面评价毕业生就业预期的情况，分别是：

1. 就业前景的预期

问卷第一题为调查毕业生对自身就业前景预期的题目，统计结果显示，在被调查者中，有 22% 的毕业生认为自身的就业前景比较乐观，有 33% 的毕业生认为自身的就业前景较为一般，有 31% 的毕业生对自身的就业前景持悲观态度，有 11% 的毕业生不清楚自身的就业前景。

2. 自身发展的预期

问卷第十三题为调查毕业生是否了解本专业就业状况以及自身未来发展方向，通过对调查结果的统计，发现 46% 的毕业生对本专业的就业概况以及自己未来的发展方向比较模糊，不会主动搜集，对自己的就业情况持被动态度。有 21% 的毕业生按部就班完成，走一步算一步。只有 22% 的毕业生积极主动地了解本专业概况，并且可以为他人进行本专业就业介绍。

3. 专业对口的预期

问卷第 5 小题为调查毕业生就业过程中专业与工作性质的调查，调查结果显示，有 43% 的毕业生表示专业无所谓，先找一份工作再说。也有 22% 的毕业生倾向于根据自己的喜好选择岗位。只有 7% 的毕业生一定要找专业对口的工作。

表1 毕业生就业过程中专业对口期望

选项 \ 统计结果	所占比例
A、一定要找专业对口的工作	7%
B、可以与专业有关联性不一定对口	28%
C、专业无所谓，先找一份工作再说	43%
D、根据自己的喜好选择岗位	22%

4. 关注方面的预期

问卷第12小题为调查毕业生就业过程中最关注方面的调查，结果显示，45%的毕业生很看重的是所在城市。其次是43%的毕业生看重工资以及福利待遇。毕业生认为工资和福利待遇从另一方面证明了公司的实力，通常待遇优厚的公司也是行业中发展较好的，而待遇比较低的公司也是相对不那么正规的公司。并且在生活成本不断上升的今天，较低的工资水平恐怕很难维持正常的开销。工作与兴趣相投也是毕业生比较看重的一方面。今天的毕业生大部分是九零后，更加重视自身的感受，选择自己感兴趣的工作更能使他们工作起来身心愉悦，从而提高工作效率。

表2 毕业生就业过程中最关注方面

选项 \ 统计结果	所占比例
A、所在城市	45%
B、职业的社会地位与发展空间	28%
C、专业对口	20%
D、工作与兴趣相投	37%

续表

选项 \ 统计结果	所占比例
E、实现自我价值	7%
F、企业规模与知名度	23%
G、工资与福利待遇	43%
H、工作环境与稳定性	27%

5. 期望薪酬的预期

问卷第 8 小题为调查毕业生对第一份工作薪金的调查，在被调查者中，有 13% 的毕业生期望薪酬为 2000 以内，有 58% 的毕业生期望薪酬为 2000—3000，有 19% 的毕业生期望薪酬为3000—4000，有 7% 的毕业生期望薪酬为 4000 以上。

四、北京联合大学毕业生心理资本对就业预期影响的分析

为了验证毕业生心理资本状况对其就业预期的影响，本文从两个方面进行分析：一是毕业生心理资本对其就业前景态度的影响；二是毕业生心理资本对其薪酬预期的影响，具体分析如下。

（一）毕业生心理资本对其就业前景态度的影响

本文使用 SPSS17.0 软件，运用相关系数法来验证毕业生心理资本与其就业前景的相关性，以反映毕业生就业心理资本对其就业前景态度的影响。其中，关于就业前景预期主要是通过问卷中对大学生就业前景态度的提问来获取数据，问卷将毕业生就业前景预期态度分为四个等级，分别是“乐观”、“一般”、“悲观”、“不清楚”，并分别对其从 1—4 赋值。本文将分别计算毕业生就业前景态度与心理资本总水平及其四个维度的相关系数，通

过检验相关系数的显著性来说明就业前景预期与心理资本的关系，具体地计算结果见表3所示。

表3　毕业生心理资本对就业前景态度的相关系数分析

Correlations

		对就业前景的态度	心理资本总水平	乐观	坚韧	希望	自信
对就业前景的态度	Pearson Correlation	1	-.504**	-.471**	-.394**	-.595**	-.474**
	Sig.（2-tailed）		.000	.000	.000	.000	.000
	N	97	97	97	97	97	97
心理资本总水平	Pearson Correlation	-.504**	1	.942**	.956**	.970**	.973**
	Sig.（2-tailed）	.000		.000	.000	.000	.000
	N	97	97	97	97	97	97
乐观	Pearson Correlation	-.471**	.942**	1	.869**	.889**	.872**
	Sig.（2-tailed）	.000	.000		.000	.000	.000
	N	97	97	97	97	97	97
坚韧	Pearson Correlation	-.394**	.956**	.869**	1	.889**	.913**
	Sig.（2-tailed）	.000	.000	.000		.000	.000
	N	97	97	97	97	97	97
希望	Pearson Correlation	-.595**	.970**	.889**	.889**	1	.944**
	Sig.（2-tailed）	.000	.000	.000	.000		.000
	N	97	97	97	97	97	97
自信	Pearson Correlation	-.474**	.973**	.872**	.913**	.944**	1
	Sig. (2-tailed)	.000	.000	.000	.000	.000	
	N	97	97	97	97	97	97

**. Correlation is significant at the 0.01 level（2-tailed）.

从表3可以看出，毕业生心理资本总水平与对就业前景持何种态度的相关系数为-0.504，说明毕业生心理资本总水平和就业前景的预期呈负相关，并且显著水平在百分之一以下，说明相关性是显著的，呈明显负相关。因为在问卷中心理资本状况数值越高，心理资本情况越好，而在就业前景题目中，数值越低代表毕业生对就业前景越乐观。所以，毕业生心理资本总水平和就业前景的预期呈负相关，说明毕业生的心理资本状况能够影响就业预期，而且心理资本状况越好，对就业前景越能保持乐观态度。

还可以看出，心理资本的各个维度和毕业生对就业前景的态度均成明显负相关，但四个维度和就业前景之间的关联程度高低有所差异，取值为负，则绝对值越大，关联程度越高。综上可以看到，希望和对就业前景态度得出的数值为 -0.595，高于其他维度对就业前景的影响，说明希望在心理资本四个维度中对毕业生对就业前景的态度影响最大。而坚韧对就业前景得出的数值为 -0.394，低于其他维度对就业前景的影响，说明在心理资本四个维度中，坚韧对毕业生就业前景的影响最小。而自信与乐观则趋于中间。

综上所述，心理资本的总水平对就业预期有影响，而且影响比较显著。图中负号只是取决于赋值的不同。本文中心理资本数值越高，代表心理资本状况越好，而就业预期数值越低，则体现就业预期状况越高，造成相关系数为负。相关系数值为 -0.504，说明心理资本与就业预期之间关联程度显著，并且通过了统计检验。

（二）毕业生心理资本对其薪酬预期的影响

本文运用相关系数法来验证毕业生心理资本与其期望薪酬的相关性，以反映毕业生就业心理资本对其期望薪酬的影响。其中，关于薪酬的期望值主要是通过问卷中毕业生对第一份工作的期望薪金要求的提问来获取数据，问卷将毕业生期望薪酬预期态度分为四个等级，分别是“2000 以下”、“2000—3000”、“3000—4000”、“4000 以上”，并分别对其从 1—4 赋值。本文将分别计算毕业生期望薪酬与心理资本总水平及其四个维度的相关系数，通过检验相关系数的显著性来说明毕业生期望薪酬与心理资本的关系，具体地计算结果见表4所示。

表4　毕业生心理资本与期望薪酬的相关系数分析

Correlations

		期望薪金	心理资本总水平	乐观	坚韧	希望	自信
期望薪金	Pearson Correlation	1	.536**	.456**	.570**	.508**	.519**
	Sig. (2 - tailed)		.000	.000	.000	.000	.000
	N	97	97	97	97	97	97
心理资本总水平	Pearson Correlation	.536**	1	.942**	.956**	.970**	.973**
	Sig. (2 - tailed)	.000		.000	.000	.000	.000
	N	97	97	97	97	97	97
乐观	Pearson Correlation	.456**	.942**	1	.869**	.889**	.872**
	Sig. (2 - tailed)	.000	.000		.000	.000	.000
	N	97	97	97	97	97	97
坚韧	Pearson Correlation	.570**	.956**	.869**	1	.889**	.913**
	Sig. (2 - tailed)	.000	.000	.000		.000	.000
	N	97	97	97	97	97	97
希望	Pearson Correlation	.508**	.970**	.889**	.889**	1	.944**
	Sig. (2 - tailed)	.000	.000	.000	.000		.000
	N	97	97	97	97	97	97
自信	Pearson Correlation	.519**	.973**	.872**	.913**	.944**	1
	Sig. (2 - tailed)	.000	.000	.000	.000	.000	
	N	97	97	97	97	97	97

**. Correlation is significant at the 0.01 level (2 - tailed).

从表4可以看出，毕业生心理资本总水平与期望薪酬的相关系数为0.536，说明毕业生心理资本总水平和期望薪酬具有关联性，并且显著水平在百分之一以下，说明相关性是显著的。所以，毕业生心理资本总水平和期望薪酬具有显著的关联性，说明毕业生的心理资本状况能够影响其对薪酬的期望，而且心理资本状况越好，对期望薪金的要求越高。

还可以看出，心理资本的各个维度和毕业生对期望薪酬的关联程度均非常显著。但四个维度和期望薪酬之间的关联的显著程度有所差异，数值越大，则关联程度越显著。从表4可以看出，坚韧，自信，希望对期望薪酬的影响均较为显著，说明心理资本状况在期望薪酬的方面体现得更为明显。

综上所述，毕业生的心理资本的总水平对期望薪酬有影响，而且影响比较显著。

（三）不同心理资本水平毕业生在就业预期方面的比较分析

为了进一步说明毕业生不同的心理资本状态对其就业预期有显著影响，本文根据被调查的毕业生心理资本自我评价的水平，将毕业生分为两个群体，一类是心理资本水平相对较高的（高于被调查毕业生心理资本的平均值）；另一类是心理资本水平相对低一些的（高于被调查毕业生心理资本的平均值）。通过对比两个群体毕业生的心理资本及其就业预期的差异，来反映心理资本水平不同对毕业生就业预期的影响。

从表5可以看出，拥有较高心理资本水平的毕业生对就业前景的态度较为乐观积极，对薪金的期望程度也相对较高。而心理资本水平较低的毕业生对就业前景持相对不太乐观的态度，对薪金的期望程度也相对较低。

表5　不同心理资本的毕业生与就业预期的相关系数分析

Group Statistics

	序号	N	Mean	Std. Deviation	Std. Error Mean
对就业前景的态度	1	36	1.42	.604	.101
	2	61	2.36	.895	.115
期望薪酬	1	36	3.03	.560	.093
	2	61	2.11	.608	.078
心理资本总水平	1	36	3.717659	.1721079	.0286847
	2	61	2.667886	.4462858	.0571410

从表6可以看出，不论是心理资本状况如何，就业前景以及期望薪酬的SIG的P值均为0.000，代表非常显著。则心理资本状况对就业预期有影响。通常情况下表现为，心理资本水平较好的，就业预期状况也较好；心理资本水平较差的，就业预期状况也较差。

表6　心理资本总水平与就业前景的态度及期望薪酬的相关系数分析表

Independent Samples Test

		Levene's Test for Equality of Variances		t - test for Equality of Means						
									95% Confidence Interval of the Difference	
		F	Sig.	t	df	Sig. (2 - tailed)	Mean Difference	Std. Error Difference	Lower	Upper
对就业前景的态度	Equal variances assumed	7.540	.007	-5.614	95	.000	-.944	.168	-1.278	-.610
	Equal variances not assumed			-6.191	93.214	.000	-.944	.152	-1.247	-.641

续表

		Levene's Test for Equality of Variances		t-test for Equality of Means						
									95% Confidence Interval of the Difference	
		F	Sig.	t	df	Sig. (2-tailed)	Mean Difference	Std. Error Difference	Lower	Upper
期望薪酬	Equal variances assumed	.832	.364	7.352	95	.000	.913	.124	.666	1.160
	Equal variances not assumed			7.512	78.513	.000	.913	.122	.671	1.155
心理资本总水平	Equal variances assumed	27.891	.000	13.509	95	.000	1.0497723	.0777074	.8955037	1.2040410
	Equal variances not assumed			16.419	84.817	.000	1.0497723	.0639367	.9226450	1.1768997

五、发展毕业生心理资本促进就业的建议

在实际生活中，每个人和每个人的心理资本水平以及体现都是不同的。例如，有的毕业生自信程度不够，但坚韧程度较好。这时候，就需要我们从心理资本四个维度出发，找出毕业生心理资本的缺失，重点把握，提升心理资本中的缺失方面，从而促进就业。

首先，培养毕业生的自信心。自信是心理资本中不可或缺的一个方面，自信者更能把握住机遇。自信者往往更能展现自己，

使别人更快地了解自己。不自信是一个长期的过程，和平时的学习生活状态分不开，要想使自己变得更加自信，要从一点一滴的小事进行积累。心理暗示就是一个不错的方式。每天起床后的五分钟，对着镜子告诉自己：我能行，我是最棒的，我可以用温暖的笑容打动这个世界，我有能力得到一份合适的工作。积极的自我暗示可以调节内心潜在的心理状态，外界的接纳也是使毕业生变自信的一种方式。室友的鼓励，师长的称赞，可以使毕业生从外部环境获取正能量，让自己发生改变。

其次，要促使毕业生对就业问题做积极解释与归因，构建自己的内心幸福尺度。通过表 4 可以看出，毕业生乐观方面的均值最低，明显低于其他维度，有可能造成毕业生对就业持悲观态度，认为就业前景不好等，不利于毕业生积极乐观的主动把握机会，促进就业。这时就要对毕业生积极引导，使其保持乐观心态，但也不要过分乐观，找出其中的切合点，在合理范围内，提升毕业生的乐观，以增加毕业生的就业预期，从而促进就业。心理学上的希望是一种主观幸福感，是个体内心的主观体验。幸福感不仅只取决于社会条件、物质生活的满足，它并不是决定因素，在现实生活中生活情景大体相当而主观幸福感相距遥远的人大有人在。社会比较是毕业生构建内心幸福尺度的重要手段，教师要引导毕业生不仅向上进行社会比较，更需要引导毕业生学会向下比较，与自己过去比、与不幸的人比，拥有一颗感恩的心，学会幸福。

再次，面对当前严峻的就业压力，毕业生的韧性培养更有价值。首先，要树立起积极的人生观和价值观。积极的价值观是帮助毕业生克服困难的内驱力，能够使毕业生在面对就业过程中的挑战，不惧怕，坚忍不拔，保持一贯的严谨作风。当代毕业生的价值观呈多元化发展趋势，需要有意识地使自己形成坚定积极的人生观和价值观。其次，要处理好物质需要和精神追求、生理满足和心理愉悦的关系，积极的心理资本促使毕业生追求更高境界的内在的心里满足，促使毕业生摆脱就业过程中目光短浅、狭隘自私的功利化倾向。

最后，虽然心理资本对就业预期具有显著影响，且一般情况下，心理资本水平较高的毕业生的就业预期情况也较好。但并非心理资本越高，越有助于就业。如果毕业生心理资本状况过高，也会对毕业生就业产生消极影响。如果心理资本水平过高，盲目乐观地看待就业形势，错过就业的最佳时期，或者过分自信自己的能力，对薪酬等的要求过高，就会对毕业生更好的就业造成不良影响。

因此，我们要正确看待心理资本。看到心理资本对就业预期的影响，也要看到过高心理资本可能产生的对就业的消极影响。切莫盲目地只知道拉高心理资本，过分提高就业预期，给毕业生造成过分乐观，盲目自信，造成不切实际的就业择业观。

既然心理资本水平过高或过低都会对就业产生不良影响。所以就要找到毕业生个人的心理资本与就业预期之间的切合点，根据毕业生个人的实际情况，结合现在的心理资本水平，适当提升心理资本，构成较为合理的就业预期，以促进就业。

参考文献

［1］朱晓妹等：《大学生就业预期的影响因素研究回顾》载《黑龙江高教研究》2012 年第 3 期。

［2］吕兆华：《大学生心理资本与就业力的相关性研究》，载《广西师范大学》2012 年 .

［3］曹锐：《心理资本对大学生就业的影响研究》，载《山东大学》2012 年。

［4］王楚平、金小东、黄辉：《心理资本干预对大学生就业心理的作用机制研究》，载《中国大学生就业》2012 年第 12 期。

[5] 张晓媛：《三维资本对大学生就业的影响研究》，载《西北大学》2012 年。

[6] 雷秀萍：《心理资本在教育教学中的培养策略》，载《吉林教育》2012 年第 7 期。

[7] 韩旸：《大学生心理资本、应对方式与职业决策困难的关系研究》，载《哈尔滨师范大学》2012 年。

[8] 王海燕、吴国蔚：《大学生心理资本研究现状与展望》，载《经济师》2012 年第 2 期。

[9] 李力、廖晓明：《积极心理资本：测量及其与应对方式的关系研究》，载《黑龙江高教研究》2012 年第 9 期。

[10] Zhang Zhequan，Ke Jianglin. Psychological Capital and Individual Innovative Behavior：The Mediating Role of Knowledge Integration，2010.

中小企业知识型员工的培训分析与研究

李　晨

"知识型员工"这一概念最早是20世纪50年代由美国管理学大师彼得·德鲁克提出来的，指的是"那些掌握运用符号和概念，利用知识或信息工作的人"。在竞争日益激烈的知识经济时代，知识型员工是掌握科学技术的人才，是当今以及未来时代竞争的焦点。对知识型员工的培训成为中小企业吸引人才、留住人才的重要条件。因此，中小企业应重视知识型员工的培训，将培训贯穿于知识型员工的整个职业生涯，使员工能够在工作中不断更新知识结构，有效应用知识进行创新。并与企业同步发展，从而成为企业稳定可靠的人才资源。

一、中小企业知识型员工的培训现状

通过走访现代企业的知识型员工，并与培训负责人进行访谈，从培训频率、培训时间、培训对象、培训方式、培训内容、培训师资、培训满意度、培训考核等方面进行了针对知识型员工的培训现状调查研究，从而对知识型员工培训现状进行分析。

1. 培训频率和时间

企业多是选择一年一次的短期培训，或在遇到工作"瓶颈"时往往就采用短期知识培训方式来解决问题。企业培训负责人认为，知识型员工本身就拥有足够的知识和能力，而且自学和领悟能力都很强，当其工作上遇到困难时，稍加培训，使其顺利完成任务就足以，没有必要把过多的精力和金钱浪费在与工作无直接关系的事务上。

2. 培训面对的对象及其需求

企业决定培训，通常都会选择进行知识型员工的全员性培训，或者与培训内容有直接工作需求的部门及职位。他们认为既然企业投资进行培训，要么就所有员工都参与进来，要么就小范围的针对性培训。而知识型员工对培训的需求很特殊，他们既追求完善自身工作所需的知识，又希望能学到一些自己感兴趣、能丰富业余生活的知识技能。由此可见，企业管理层在选择培训对象时，只单方面考虑了企业的需求。

3. 培训的方式

中小企业对知识型员工的培训方式还是以传统的授课为主，员工处于被动的单向信息灌输位置，培训过程中缺乏参与性、互动性。还有些企业的授课者将学校教学方式用于企业教学，他们认为，教学式的方式是中国自古的教育方式。所有的知识型员工都是经历了多年的学校生活，所以更容易接受，并直接有效地达到培训目的。只有极少数企业培训者表示他们采用过课堂讨论式的培训方法，他们认为这种交流学习的方式更有助于知识型员工之间进行有效沟通、资源共享，同时他们表现出对互动式学习的强烈要求。

4. 培训的师资

很多企业对知识型员工进行培训的讲师选择极其不重视。他们普遍认为一个讲师的任务就是能传授给员工需要掌握的知识就已经达到了要求，而且优秀的讲师必定要让企业付出更多的报酬。所以，其中50%的企业选择聘请外部培训机构的讲师，但都是比较廉价的专业培训学校的在校老师。40%的企业直接由管理层或领导层选出临时讲师，对员工进行培训授课。另有10%拥有内部的培训体系，特定的培训讲师，但企业对其机构的技术、设备等都不够重视，使得培训水平和效果平平。

5. 培训后续考核

在走访中，大多数企业对知识型员工的培训搞得风风火火，但是培训课程结束后就偃旗息鼓。有些企业根本就没有培训后续考核，有些企业的考核仅仅停留在培训过程的出勤考核上，有些企业也仅仅在培训结束后要求知识型员工写篇总结或进行简单的考试。

由于知识型员工有着强烈的成就动机，他们希望所掌握的知识和技能能够被充分地认可，他们对培训的后续评估考核非常支持，100%的受访员工表示他们很愿意或比较愿意接受培训后续评估，同时他们也表示培训结果的评估将对他们起到一定的激励作用。

二、知识型员工培训中存在的问题

1. 企业缺乏培训文化，对知识型员工的培训认识不足

培训文化是企业文化的重要组成部分，也是新环境下的企业重要特征之一，更是考察组织培训发展现状的重要标志。良好的企业培训文化有助于企业培训工作的展开，但现在很多中小企业培训文化却十分淡薄，表现在培训制度不完善。培训制度往往被他们忽视，而且企业缺乏长期的战略规划。在现有管理体制下，企业知识型员工的培训受管理体制、领导任期制的影响，短期行为和即期利益现象较为普遍。缺乏系统性、长期性的员工培训方案，员工培训的连续性、规范性难以保证。

2. 培训对象选择范围不当

很多企业在选择要培训的知识型员工时，只针对那些运用知识工作的员工，忽视了对管理层和决策层领导干部的培训，这主要与企业管理层的认识有很大关系。有些企业的高层管理人员往

往认为自己经验丰富、工作忙，不需要培训。实际上，他们大都是由昔日的员工成长起来的，极有可能缺少相应的管理知识和必备的管理技能，他们最需要培训。还有很多企业在选择培训对象时，通常对知识型员工进行全员培训，他们认为企业既然费时费力做培训，知识型的员工又渴望学习知识，培训对象的范围越大越好。这是企业没有根据工作和个人特点对知识型员工进行分类，使之被大众化了。

3. 培训前没有对知识型员工做好充分的培训需求分析

由于对培训没有进行对知识型员工需求的认真调查与分析，很多企业在培训知识型员工上缺乏针对性和实用性，脱离工作实际和员工需求，盲目跟风。有些企业领导根据自己的喜好、判断、经验，设置培训内容，看到别的企业进行“社交技巧讲座”，自己也办一场；看到别的企业培训“创新力”，赶忙邀请有关专家进行辅导等。致使知识型员工重复学习，被动学习，毫无兴趣可言。既耗费了员工时间和精力，又浪费了企业资源，对企业发展没有多大帮助。

4. 针对知识型员工的培训方式过于简单

在知识型员工培训方式上，许多企业都选择运用传统的模式进行。他们往往以课堂为主，形式单一，实践性差。大部分培训仍采用传统的“灌输式”教育方法，很少给受训员工各种实践机会。教学的形式上仍然属于静态，单向教学，以听为主。这种单纯用课堂讲授形式进行的培训，虽然适合于陈述性知识的获得，却并不适合于抽象性知识的获得，也不适合培养知识型员工合适的特有工作行为，如良好的沟通行为、人际交往行为、合作与变通等。还有些企业采取放录像的方式，认为这样做既降低了企业成本，又可以灵活掌握培训内容，使员工认为“培训就是放录像”。而对于拥有丰富知识基础和较高学习欲望的知识型员工来说，这些方式都很容易使他们对培训产生枯燥、乏味的感觉，使培训效果和培训效益大打折扣。

5. 对知识型员工培训的师资水平普遍较低

企业为了减少培训经费，往往会选择一些水平一般，甚至低水平的讲师对知识型员工进行培训。而知识型员工对于培训讲师的要求却较高，因为他们通常很有自信，有骄傲心理，一个普通的老师根本无法让知识型员工折服，更是很难愿意接受他们的讲授。而且没有水平的讲师，在讲课方式和内涵上也缺乏色彩，无法调动知识型员工的兴趣。只有那些在培训方面有一定地位，知识渊博，使知识型员工对其敬佩的讲师，才能激发员工的学习动力，得到好的培训效果。

6. 培训效果评价滞后，缺乏监督

企业普遍在对知识型员工培训过程中，并没有实时反馈学员的学习信息，往往是一旦培训开始就无人过问，结束时一测了之。有些企业已经开始重视培训，但却忽视了培训的后期评估和监督，使员工感觉学而无用。也有些企业的培训评估仅仅是对培训内容的考核，并没有深入到员工的工作行为、态度改变、绩效改善、能力提高，以及能够为企业带来什么效益上去考虑，评估工作还停留在低水平层次上。还有些企业缺乏对培训评估系统的记录，缺乏对培训的专业管理，没有建立完整的培训信息系统。培训者没有追踪受训者是否在工作场所使用了新技能，受训者也没有就一些新遇到的问题向教员讨教，这势必使受训者都按照惯性和惰性采用原有的工作行为。大多数企业未能为受训者提供发挥其培训效能的支持性工作环境，加上培训评价体系的不完善，员工在培训中所获得的知识很少能自觉地运用到实际工作中去。

7. 知识型员工频繁“跳槽”使企业怯于培训

培训，日益成为企业吸引职场精英和提高核心竞争力的关键因素之一。但风起云涌的“跳槽”风波正对企业培训提出严峻挑战，加上知识型员工的流动意愿强，使得中小企业面对知识型员工培训患得患失。企业老板们常常感慨："煮熟的鸭子飞了"、"为人家做嫁衣"、"赔了夫人又折兵"，这着实是企业管理中的一道尴尬的"风景"。培训，成了企业既爱又怕的"心病"。

三、分析知识型员工培训管理中存在问题的改进方案

对知识型员工的培训与开发必须有别于传统的人力资源管理方式。对于企业而言，如何有效地对知识型员工实施培训，使知识型员工愿意留下来并很好地为企业服务，实现员工与企业共同发展。

1. 转变对知识型员工培训的认识，建立学习型培训文化

企业培训要与企业战略紧密结合，企业的人力资源管理是以企业战略为核心的，服务于企业战略。企业的培训体系的建立，应首先在企业愿景的基础上，培训一定要透露出战略脉络，这样才能使培训有所值。对知识型员工的培训要有前瞻性，培训的内涵既包括完成目前工作任务和提高目前绩效所需的培训，更要看到未来企业发展所需要的人才结构和模型，通过培训做好人才储备。企业应依据其长期的战略目标来规划设计企业的培训工作，加大培训资金的投入，并使每一位员工都了解企业的培训计划。

而培训文化的建立是企业人力资源开发的一个重要工作内容，也是企业文化中的重要组成部分。在日趋激烈的市场竞争中，知识的更新速度非常快。只有拥有一个有效的、科学的员工培训文化，企业才能具有不竭的创新能力和永恒的生命力，可见企业培育学习型的培训文化非常重要。学习型的培训文化本质就是培育创新机制，培养学习型的知识型员工，这与企业培训的最终目标是一致的。企业培训能够营造出一种创新氛围，在发展学习型员工的基础上实现向学习型企业文化的转变。

2. 合理选定受训对象

针对知识型员工自主、独立的特性，企业在选择培训的受训者时，应做到有层次性地选择，除了考虑岗位需要，也应考虑知识型员工是否有学习的动机，能否接受培训课程内容（受训者的水平与培训目标和培训课程内容的差距）；受训者的健康状况、身体特征、工作态度、岗位技能、兴趣爱好等。只有因势利导，把岗位需要和员工需求结合起来，做到在受训员工选择中注重资质、注重潜质，开发禀赋，挖掘潜能，才能达到培训的目的。

而且企业不光要对普通的知识型员工，也要做好管理层和决策层领导的培训。如果仅仅对员工进行培训而忽视对管理者的培训，会使两者在理念、知识上产生偏差和沟通障碍，企业领导就不能对员工形成有效的管理，企业的执行力也会出现问题。因此，企业领导人必须转变观念，树立新的人力资源观：知识型员工不止是基层员工，也包括管理层。知识型员工培训不应该是部分人的需要，而应是一个从领导者到普通员工的全体用脑人员的培训。每次培训管理者应身体力行，带头参加，提高其他员工参与的积极性；不断加大知识型员工培训的力度、频率，使知识型员工培训工作经常化、制度化。

3. 重视需求分析，关注个体差异，制定科学的培训计划

由于知识型员工的工作性质决定了他们需要较高的思维能力和创造能力，因此他们对培训课程的设置，培训师资的选择以及培训方式的运用都有着与一般员工不同的个性化和多样化需求。企业在培训需求分析时，应该充分重视他们的个体需求，从组织需求、任务需求、个体需求三个层面展开综合分析，让培训不再成为企业救火式、应急式的工作。同时，企业管理者应在时间、工作任务等方面给予受训员工适当的照顾。

只有当企业充分了解培训是一种提供给知识型员工的服务，以员工的需求为导向，并找到企业发展和员工发展的切合点，针

对这些需求，提出特定的培训目标和内容，从而使这个计划既符合企业整体发展的需要，又满足企业目前的工作需要。要改变很多企业存在的那种培训无计划，凭经验、赶时髦的做法，做到用培训去促进企业发展，用培训去引导企业发展，这样的培训才能增强企业凝聚力，保持企业核心竞争力。

4. 创新培训方法，形式多样化

企业培训的对象是知识型员工，培训方式必须与知识型员工的学习规律相适应。知识型员工都是成年人，其特点是记忆力相对较差，但理解能力强，思维活跃，并具有一定的工作和社会经验。他们有自己独特的思想，对事物有自己的看法，对工作有其自己的认识。对知识型员工的培训不单单是知识的灌输，而更应当侧重于改变其错误的思想观念，让其树立先进的思想意识。因此，要突破单一的课堂教学模式，多借鉴国际名企的案例教学法、角色扮演、讨论法、模拟实践、拓展训练、游戏式、参与式等培训方法。在培训时用经历、案例、图片、游戏、录像、动画等，其目的就是吸引学员，引导思考，启发学员，提高受训者的学习兴趣。还应创造更多的机会使受训者将自己所了解和掌握的知识和技能表现出来，以供其他受训者参考。并采取多表扬少批评的方式，增强员工的学习信心。还应该重视受训者提出的意见和问题，集思广益，有利于增强培训效果。此外，在培训材料的编排上，尽可能考虑到趣味性，深入浅出，易记易懂。充分利用现代化的培训工具，采用视听材料，以增加感性认识。书面材料力求形式多样化，多用图表，简明扼要。总之，企业要以开发知识型员工创新能力为中心，增强培训效果。

所以，多样化的学习方式将会使自主意识强的知识型员工感到是在“拥有”知识而不是仅仅参与培训。而企业在培训中适当采用多种培训方式，将会激发知识型员工的积极性，使他们起到传递培训效果，辐射学习力的作用。

5. 拥有足够的培训资源投入和优良的师资队伍

针对知识型员工的培训教育与普通学历教育不同，它不仅仅是知识的更新，同时是企业文化的孕育与灌输，通过进一步提高知识型员工已有知识技能，达到企业现阶段及未来发展的要求。所以一方面要求培训教育的师资队伍的水平要高，要求任教培训的师资既有理论又有实践经验，同时还应有一定的前瞻性和资深性。为了不与企业实际脱节，培训教师应根据需要不断访学、深造，了解企业外部信息；还要不断了解企业内部发展方向，对培训项目进行细致分析，掌握全面资料。另一方面，企业在培训过程中还应有针对性地对一些模拟系统进行建设，提高学员在实际工作中的运用性，同时根据实际情况，在现有师资无法提供有效培训的时候，合理外聘教师或送学员外出进修。然而这一切都需要有财力、物质等教学资源的充分保障，才能做好培训工作。

6. 及时做好培训效果评估，提高培训质量

由于知识型员工对于自我价值的实现需求非常强烈，对于知识型员工的各种评估必须更为客观和科学。这就要求企业在培训体系中建立完善的培训后续评估制度。培训评估必须是全方位的，而不能单从一方面得出结论。在培训过程中，培训评估起着信息反馈作用，它主要是调查收集受训者和有关人员对培训项目的看法，考察知识型员工在接受培训后工作态度、行为与绩效是否发生变化。培训评估通过对现状与目标之间距离的比较，能够有效地促使知识型员工达到预定目标，以提高培训质量，并为下一阶段培训计划的制定提供依据。企业还应对培训结果加以有效应用，把培训的结果与知识型员工的报酬、职务晋升、职业生涯设计紧密结合起来。

企业管理者要对整个培训效果进行评价，可采用问卷调查方法，考查受训者是否满意；通过考试，测定受训者是否掌握了授课内容；通过观察、访谈和问卷调查，了解培训在多大程度上改

进了工作，增强了工作效率。但由于培训效果的转化存在一定的时滞性，在知识型员工回到工作岗位后才能体现，因此培训最终收益的信息需要进行后续跟进调查，而不能在短期内妄下结论。

7. 注意防范知识型员工培训后流失的风险

知识型员工有较高的个人成就动机，而且知识型人才稀缺，流动较少受到机会成本的限制，所以他们的流动率较高。企业要制定一套防范措施，从培训策划、约束机制以及离职程序等几个方面，通过多种手段进行分层次的、具有人性化色彩的多维设计，建立以预警机制为核心的防范机制。而对已经“流失”的人才，企业应抛弃前嫌，保持和发展双方的情感与合作关系，从而获得人才“流失资源”的长远利用效益。其实有些人才的流失是不可避免的，因为企业目标已经和其个人的目标相悖，强行留下也不会给公司带来好的效益，不如笑脸相送，最终建立起与流走人才的长远联系，让其在企业外部继续为公司贡献。

提供培训是促进知识型员工与中小企业共同成长的必要保证，高素质的、具有创新能力的知识型员工是企业发展的灵魂。随着事业的发展，企业对知识型员工的倚重将不断增加。许多知识型员工将从单纯的技术岗位和局部性工作，转向承担更具综合性、全局性的管理和领导工作。技术专家与管理者身份的融合将成为企业对人才需求的新趋向。为此，企业在发挥知识型员工作用的同时，需要加强对他们的全面培养，使之与企业的发展同步成长，并能在未来的发展中承担重任。

参考文献

[1] 孙涛：《基于知识型员工的企业培训成果转化问题探析》，载《管理学刊》2011年第6期。

[2] 李文、韩平：《五项修炼——知识型员工培训的新途径》，载《经营与管理》2010年第11期。

[3] 雷蒙德·A·诺伊 著，徐芳译：《雇员培训与开发》，中国人民大学出版社 2011 年第 3 版。

[4] 王少华、姚望春：《员工培训实务》，机械工业出版社 2011 年第 2 版。

[5] 赵伟、任冀湘：《知识型员工培训》，中国时代经济出版社 2007 年版。

我国中小企业员工培训探析

张玲玲

早在 1911 年，科学管理之父泰勒的《科学管理原理》一书中已提到员工培训的重要性，他指出，一流的工人不是上天赐予的，而是通过两种途径得到，一是严格筛选，二是科学培训。前者作为人力资源管理的第一环节得到大多数企业的重视，但是后者总体来说存在很多问题，亟须改进。

一、员工培训对中小企业的重要性

我国中小企业经营规模小、具有独立的资源配置形式，使企业能够迅速适应外部条件的变化。但由于其资本薄弱，很难具备像大企业所拥有的培训开发能力，甚至在引进利用人才上也有障碍，所以中小企业若想求发展就必须在员工培训上下工夫，明确自己需要什么样的人才，要为达到这样的人才要求，应该进行哪些培训工作，合理地进行人力资源培训的规划和管理，用最少的资本来创造最大的人力资源价值，增强企业参与国内外市场竞争的能力。对员工来说，通过培训可以满足员工个人发展的需求，使员工有一种与企业一起不断成长的感觉，使其对企业更有感情；通过专业技能培训可提高个人岗位工作能力，对工作更有信心，加强了对工作的理解；培训作为一种激励的手段，增强员工对企业的归属感，从紧张的工作到气氛活跃的研讨会，有利于心态的健康调整。

二、我国中小企业员工培训中存在的问题

目前我国中小企业员工培训开展得还不够，缺乏科学性和系统性，员工培训远远未能发挥其应有的作用，已成为我国中小企业持续稳定发展的“瓶颈”，我国中小企业员工培训存在以下几方面问题：

1. 观念滞后，对培训的重要性认识不足

首先，对员工培训的认识存在片面性。一是不少中小企业存在一种比较严重的急功近利思想，对于“远水解不了近渴”的员工培训缺乏应有热情，期望员工接受培训后，立即产生立竿见影的效果。二是部分中小企业将培训视为成本，不能给企业带来效益，认为企业搞不搞培训无关紧要，对企业的正常运作不会产生影响。也有的企业认为，人才市场供过于求，企业需要人完全可以通过市场招聘获得，投资培训实在是没有必要也是难以承受的支出。如果资金紧张首先牺牲的就是员工培训。三是认为培训是为竞争对手培养人才。许多企业认为现在企业的员工跳槽现象很严重，担心培训好的人才另谋高就，培训员工不如引进和招聘人才。由此导致培训往往虎头蛇尾，事倍功半，形式化、表面化现象严重，培训的质量由此大打折扣。

其次，对员工培训的重要性认识不足。虽然多数企业都意识到了对员工培训的必要性，且制订了相应的培训计划，但是在计划的执行过程中有近一半的企业不能按照计划去做，可见许多企业对培训的重要性还没有一个充分的认识。大多数企业都没有把培训放到企业的战略层面去考虑，认为企业发展战略如产品开发战略、产业发展战略等都与员工培训没有直接关系，培训只是为了满足现在对人员某种素质的要求，由此也就难以设计和构建一整套与企业发展战略相匹配的员工培训体系。

最后，培训方面存在等级观念。一些中小企业做培训主要是出于对自身业绩方面的考虑，希望通过培训，迅速解决中小企业产品的技术含量，迅速扩大产品市场占有率，帮助中小企业迅速赢利，从而获取上级领导对自身工作的肯定，而且中小企业培训经费、机会有限，无法满足每一位员工的需求。因此，更多的是针对中小企业内部的几个“关键”部门的员工，比如销售部门和生产技术部门的员工进行培训，而忽视对管理人员和一般员工的培训，企业中高层员工的培训机会要大大高于普通员工，培训对象选拔方式不够公平、民主。

2. 培训计划性不足，对培训内容的选择存在随意性

中小企业通常是一些成长型企业，人力资源管理工作相对比较薄弱。企业的管理者往往是平时觉得培训对于企业是可有可无，而当企业遇到棘手问题亟待解决时，才意识到培训的重要性。由此就使得企业往往是为培训而培训，企业培训缺乏一个宏观的、长远的规划，缺乏科学的培训需求分析，没有将组织目标与员工个人特长、职业生涯规划结合起来，难以根据企业需求安排针对性的培训，培训项目和培训人员的选择容易受到社会环境以及企业高层管理者个人喜好的影响，往往是人云亦云，搞一窝蜂，致使培训存在较大的盲目性和随意性，学习者参与和学习的积极性不高。也有不少企业虽然已经开始重视人力资源的培训和开发，并把它作为企业发展的重要战略，但是由于体系、制度、资源等方面的限制，对于培训体系的设计目标不明确，体系不健全，在培训开发方面缺乏系统性、长期性，使得人员培训费用的投入水平低，效益不显著。

3. 培训人员选择不当，培训方法落后

在培训人员的选择方面，我国中小企业在培训方面普遍投入不大，企业高层管理者没有将培训放在战略的高度上来考虑，导致培训经费不足，而这又直接导致培训内容的缩水或授课教师层

次的下降。很多企业和公司师资以内部讲师授课为主，内部讲师的人选存在较大的随意性，对培训讲师也没有进行系统的培训，同时对培训师也不进行评估，导致讲师素质参差不齐。在培训方法方面，不少企业在进行内部培训的过程中，讲师采取传统的“填鸭”式教学模式，照本宣科较多，实际讲解说明较少，培训方式比较单一，缺乏培训双方的交流与沟通，缺乏引导和启发，在技术上也比较落后，从而产生枯燥、效果不好的弊病，也在一定程度上影响了员工参与和接受培训的积极性。

4. 缺乏健全的培训评估机制

许多中小企业不重视培训结果的评估，不少中小企业在培训前，大张旗鼓，宣传动员，而进入实施后，却无人问津，直到结束时才进行简单的考试。员工的培训，往往是被动的学习，而不是主动的参与。培训完成之后，即使有的企业对培训进行评估，方法也比较单一，仅仅是在培训中进行考试，事后不再作培训效果的跟踪调查。虽然实施培训以后有结果报告书，但是培训以后对业务能力和综合素质到底有多少改善，没有任何总结、跟踪确认，培训转化比较欠缺。

5. 缺乏培训激励机制

培训结果没有与招聘、绩效、薪酬等管理制度联系起来，使得员工缺乏学习动力，不愿主动投入更多时间和精力提高自身素质。此外，内部培训讲师也都是利用自己的休息时间进行授课，也没有给予必要的奖励，对授课质量的好坏也没有必要的考核、监督，造成培训工作效益难以体现。

通过以上分析可以看出，目前中小企业的培训从观念到实施方面都存在着问题，由此导致即使有些中小企业实施了一些员工培训工作，但形式化、表面化、随意性现象严重，没有切实起到培养人才、激励员工的作用，没有真正达到预期的培训效果。

三、提高中小企业培训实效性的对策建议

1. 更新培训观念，实现企业与个人的双赢

许多成功企业如摩托罗拉、松下公司的发展都表明，重视企业培训是企业成功的重要保证。中小企业要能够茁壮成长，基业常青，从企业高层领导就应该树立重视培训的思想和理念，树立长期的投资收益观。要清醒地认识到，很多员工在一个企业工作，并不仅仅是为了通过工作赚钱，还希望通过工作能得到发展和提升。企业不断成长的过程，也是员工个人职业生涯的发展过程，培训能够满足人的更高层次需要。员工培训不仅是一项成本，也是一项能带来长期收益的投资。同时，企业在注重技术人员培训的同时也不可忽视对管理人员的培训，在培训中应该为中高层员工和普通员工提供平等公平的培训机会，在选择培训对象上可以采用员工自愿报名和部门推荐相结合、通过考试择优录用、民主推荐、对优秀员工的奖励等多种方式，建立有效的培训激励机制，充分调动员工参加培训的热情。

2. 建立健全员工培训体系

为了更好地提升培训的实效性，中小企业应该设计出一整套科学完善的培训体系。培训并不是简单地对企业员工进行授课，不能为培训而培训，而应建立一个完善的体系。

第一，要注重培训需求分析。培训需求分析是对需求培训的组织或个人的过去、现状及目标进行分析，从而为培训需求者提供解决方案的过程。它是建立完善的培训体系和实施培训的前提。培训需求分析是否到位，直接决定了培训效果的好坏。中小企业要掌握一定的培训需求分析技术，并配合培训人员做好工作，培训才成为企业收益最大的投资。因此，企业在培训活动展开之前应该进行科学的培训需求调查和分析，不能完全按照上级

的指令办事，或者盲目跟风，或者仅凭自己或本部门员工的推断，或者只注重岗位需求分析，而忽略了员工个人培训需求分析和企业发展经营战略。

第二，合理设定培训需求目标。培训目标明确培训的方向以及依循的构架，因此，培训目标的制定至关重要。中小企业应根据培训需求，对全体员工进行分层次的系统培训，不同层级的员工应该设定不同的培训目标。另一方面，企业也应根据不同的岗位设计培训目标的具体量化指标。如对高层管理者，应侧重于培训企业发展战略和决策等内容，而对中层和基层管理人员队伍，应重点培养学习能力、实践能力，着力提高广大员工的创新能力。

第三，拟定科学合理的培训计划。培训计划就是培训目标的进一步具体化和程序化。中小企业应根据培训目标，具体确定培训内容、培训师资、教学方法、考核方式等。为了使培训计划更加科学合理，在制订培训计划时，还应考虑企业所在行业、企业规模、客户需求、员工状况、国家法规等多种因素。

第四，注重培训内容的合理化和培训方式的多元化。一是企业和培训师在实施培训前要了解企业的背景及存在的问题，应根据企业的特征设计讲课内容，讲课的内容要贴近企业的实际情况；二是应分层进行企业培训，合理安排培训内容，如可根据员工的不同层次和岗位设计各有特色的培训内容和培训方式；三是逐步创新培训的技术和方法。企业培训方式的多样化、个性化是当前企业培训的一大趋势，中小企业也应顺应这一趋势，注重培训方式的多元化。

第五，健全培训评估和反馈机制。培训的某一项目或某门课程结束之后，应对培训的效果及时进行总结性的评估或检查，找出受训者究竟有哪些收获与提高。以找到培训的不足，归纳出经验与教训，并发现新的培训需求。具体地说，培训的评估和反馈包括三个方面：一是对受训对象进行评估；二是对培训效果进行评估反馈；三是及时进行培训转化。应该积极探索和尝试培训成果转化的有效途径，如可以使培训与考试、项目改善以及与竞赛紧密结合来强化培训。

3. 加强政策引导，激励和扶持中小企业自主培训

中小企业培训工作是一项长期而复杂的系统工程，离不开政府的扶持。政府应不断完善制度环境建设，制定具有可操作性的对中小企业培训进行激励和扶持的政策。中小企业应尝试利用现有的各种优惠政策和资源来加强企业培训经费的来源，保障职工受训期间享受应有的待遇，保证企业培训师的质量，进而使企业培训得到健康、稳定的发展。

参考文献

[1] 宋东风：《中小企业管理的创新》，载《中国国情国力》2010 年第 3 期。

[2] 卞伟：《论现代企业员工培训的状况及发展方向》，载《企业研究》2011 年第 12 期。

[3] 胡碧军：《从员工培训角度看企业人力资源开发》，载《华章》2011 年第 19 期。

[4] 马燕：《企业员工培训与发展高校继续教育》，载《生产力研究》2011 第 8 期。

[5] 胡同泽、汪利川：《我国中小民营企业员工培训问题研究的文献述评》，载《中外企业家》2011 年第 14 期。

[6] 韩伟静：《培训部规范化管理工具箱》，人民邮电出版社 2010 版。

[7] 张正顺：《解密三星培训之道》，机械工业出版社 2009 版。

基于内部营销理念的中小企业人力资源开发应用探讨

彭莹莹

在经济全球化、企业国际化、劳动力多样化的环境中，企业间的资源争夺和人才竞争日益加剧，人力资源开发作为由企业提供的兼备短期绩效取向和长期战略取向的以发掘、培养、利用和发展人力资源为主要内容的活动，成为帮助中小企业强化核心竞争力以及降低人才流失率的关键。为了有效提高人力资源开发的效果和效率，中小企业迫切需要引入内部营销理念，以员工需求为导向，借助内部营销的理念、技术和方法来开发和保留优质员工，最终实现企业的可持续发展。

一、中小企业人力资源开发中存在的问题

目前理论界对于人力资源开发尚未形成统一的认识，但美国培训与开发学会对人力资源开发的定义影响最大，它认为，“人力资源开发是综合利用培训与开发、职业生涯开发、组织开发等手段来改进个人、群体和组织的绩效。”有效的人力资源开发不仅是中小企业培养和增强核心竞争力的基础，而且也是中小企业提高员工满意度、降低人才流失率的关键。尽管已经有一些中小企业开始逐步认识到人力资源开发的重要性，但是在实际开发过程中仍然存在诸多问题。

1. 尚未形成正确的人力资源开发理念

一些中小企业还未充分认识到人力资本投资对企业可持续发展的重要意义，在人力资源的使用上仍然奉行“拿来主义”，认为员工的培训与开发“事不关企”，将工作重心主要放在对员工的使用与控制层面，忽视了对员工能力的开发与投资。这一方面制约了企业核心竞争力的提升，另一方面也影响了企业员工的工作积极性。

即使有些中小企业已经认识到人力资源开发的重要性，也只是简单地将人力资源开发等同于人才培训，忽视了人力资源开发实际上是一项系统工程，需要综合利用培训、工作设计、激励机制、组织创新、学习等多种手段实现企业现有人力资源水平的提升。

2. 缺乏系统的、全面的人力资源开发战略

由于管理水平、观念以及经费投入等方面的限制，有些中小企业往往在出现问题时才会进行人力资源开发，希望通过开发马上解决眼前问题，因此其开发行为往往表现出被动性、临时性和片面性的特点，缺乏对提高员工的岗位适应性、员工能力及潜力的整体战略规划，严重影响了人力资源开发的效果。

还有一些中小企业只片面强调对新员工的岗前培训以及基层员工基本技能的培训开发，缺乏结合企业各级员工特点以及企业长期战略发展的针对性开发，尤其是对中高管理层相应技能的深入开发，从而影响了企业的可持续发展。

3. 难以平衡培训的成本与收益

培训作为人力资源开发的基本手段，已经得到了多数中小企业的普遍认可。它们每年投入相当的人力、物力和财力，组织各种形式的培训和学习，但结果往往是受训者对培训内容的兴趣不大，参训的积极性不高，培训的整体效果并不理想，甚至出现培训后的员工流失愈发严重的现象，导致企业花费大量的培训成本却没有得到相应的收益。

究其原因，大部分中小企业缺乏专门的培训管理制度和培训规范，随意安排和调整培训的时间和进程；忽视培训需求分析，只局限于企业所需的单一技能和知识的传授，不考虑员工职业生涯的培训与开发；仅以简单的课堂式教学培训为主，不注意结合个人特征（如态度、价值观、动机）、工作特征和组织特征，培训手段落后，形式单调。

4. 不注重人力资源开发效果评估

培训的目的与效果应该是所有企业在进行人力资源开发时最关注的内容，但是调查结果显示，很多中小企业在培训管理中遇到的最主要问题就是培训效果难以评估。

多数中小企业缺乏完整的培训效果评估体系，采用的评估方法单一，只是在培训结束后以考试形式对受训者进行评估，考试后也无任何跟踪分析；评估内容只停留在对培训课程中所授予的知识和技能的考核，没有全面评估受训者的满意程度、工作行为和态度的改变、工作能力的提高、工作绩效的改善以及为企业带来的收益；评估记录缺乏系统管理，难以做到对每次培训活动的评估完整记录在案，已有的评估记录也多以零散、无序的形式出现。这些都不利于有效分析培训效果，为进一步开展人力资源培训和开发提供基础。

二、基于内部营销理念的人力资源开发的意义

1. 内部营销的概念和核心

1994 年詹姆斯·赫斯克特教授等人提出了服务利润链的概念，表明了利润、顾客、员工与企业四者之间的关系，其逻辑是：企业的利润是由顾客的忠诚度决定的，忠诚的顾客可以给企业带来超常的利润空间；顾客的忠诚度是靠顾客的满意度获得的，企业所提供的服务价值决定了顾客的满意度；企业内部员工

的满意度和忠诚度决定了顾客所享受到的服务价值。因此，顾客的满意度是由员工的满意度决定的。这与内部营销的假设不谋而合，即满意的员工会产生满意的顾客，要想赢得顾客满意，首先要让员工满意。

西方学者对于内部营销主要存在两种认识：一种观点将员工视为企业内部的顾客，认为“内部营销是吸引、开发、激励和保留优质员工，通过工作这一产品来满足他们的需求”（Berry & Parasuraman，1990）。另一种观点则更多地强调内部营销的任务和作用，即为获得顾客满意企业必须注重在营销活动的有效执行中“开发和激励员工的顾客意识”（Quester，1999）或者“开发顾客导向的企业文化”（Cahill，1995）。上述两种观点都强调了内部营销的核心，即企业要将员工放在管理的中心地位，通过提高员工满意度，确保员工向顾客传递高质量的服务。

2. 基于内部营销理念的人力资源开发的意义

内部营销作为一种管理理念，要求企业重新认识与员工之间的关系，从传统的雇佣关系转变为现代的共赢关系，通过追求员工的满意实现顾客的满意，进而达到企业的满意。与内部营销理论的两种观点相对应，基于内部营销理念的人力资源开发对于中小企业的可持续发展也具有两方面的重要意义。

一方面，基于内部营销理念的人力资源开发，通过关注和满足员工的开发需求，有助于提高员工对于中小企业人力资源开发的满意度，进而改善企业绩效。中小企业通过运用营销调研的各项技术，充分了解员工的动机、情绪、信仰和价值观等，有的放矢地制定出既能满足企业战略发展需要，又能满足员工个人需要的人力资源开发计划，并采取适应员工特点的人力资源开发方式，可以有效提高员工的满意度。而员工的满意度一旦得到提高，就会增加其为顾客提供高效工作和优质服务的可能性，从而达到顾客满意，最终提升企业绩效。

另一方面，基于内部营销理念的人力资源开发，通过强调开发员工的顾客意识，有助于明确中小企业人力资源开发的方向和重点，提高其开发行为的成本收益比。依据服务利润链理论，员工作为企业与顾客之间的沟通桥梁，通过与顾客接触为其提供所需的产品和服务，而其向顾客提供的感知过程和结果是顾客评价企业服务质量的基础。因此，中小企业在资金实力有限的前提下，利用人力资源开发的各种手段培养和强化员工的顾客导向意识，可以有效提高企业人力资源开发行为的成本收益比，增强企业的竞争优势。

三、基于内部营销理念的人力资源开发应用对策

基于内部营销理念的人力资源开发强调要以员工的需求为导向，结合企业的可持续发展需要，合理运用市场营销组合中的产品、价格、渠道和促销策略为员工提供满意的“人力资源开发”产品，提高员工的满意度和忠诚度，并培养和强化员工的顾客意识。

1. 结合内部营销理论，树立正确的人力资源开发理念

中小企业应该逐步认识到知识经济和经济全球化背景下人力资本投资的战略性和高收益性，将人力资本投资作为企业管理的重要内容，并在与员工的相互投资中占据主导地位，通过主动开展人力资源开发实现企业价值的增值。

同时，中小企业还应该改变传统的以组织为中心的人力资源开发观念，树立以员工为导向的新型人力资源开发理念。这要求中小企业借助营销理论深化对人力资源开发的认识，将“人力资源开发”视为企业提供给员工的产品，因此，包括培训在内的任何能够满足员工开发需求的形式和内容都属于该产品范畴。只有从员工的需要和欲望出发，中小企业才能创造和提供令员工满意

的“人力资源开发”产品。

2. 运用营销调研方法，制定有效的人力资源开发战略

人力资源开发战略作为企业制定的关于人力资源培训、配置、使用和激励等方面，具有全局意义和长期目标的发展规划及策略，要想真正发挥作用，其前提是准确了解员工的需要和欲望。根据马斯洛的需求层次理论，员工的需要主要表现为基本的生理需要、安全需要、归属需要、尊重需要以及自我实现需要，但不同岗位类型及层次的员工对各种需要的侧重点不同。

因此，中小企业可以借助营销调研的各种技术和手段，如运用访谈、问卷调查、实地观察以及人力资源管理人员的轮岗等方法，掌握员工的个人特征、需求类型和强度以及影响其对“人力资源开发”产品满意度的主要因素。在真正了解员工需求的基础上，结合企业的战略目标及内外部环境的变化，中小企业才能制定出有效的人力资源开发战略。

3. 遵循市场细分原则，结合员工特点进行差异化开发

基于内部营销理念的人力资源开发要求中小企业遵循“细分市场、满足顾客需求”的营销原则。细分市场是指中小企业以员工的需求分析为主要依据，结合其他人口统计特征，如性别、年龄、受教育程度、能力及情感等，将全体员工划分为不同的群体，然后针对各细分群体采取有针对性的营销组合策略。这不仅可以提高各群体对“人力资源开发”产品的满意度，还可以提高企业人力资源开发的成本收益比。

产品策略是营销组合的核心，应该受到中小企业的充分重视。“人力资源开发”作为企业提供给员工的整体产品，其开发内容属于核心产品层面，开发形式和方法属于形式产品层面，而开发制度以及相关激励措施则属于附加产品层面。因此，中小企业可以针对不同群体提供不同类型的整体产品，如可以对基层员工提供以基本技能培训为主的开发产品，对中高管理层采取相应

激励措施促使其自主学习和提升管理技能。同时，为了有效提高人力资源开发的效果，中小企业还可以将培养及强化顾客导向作为开发的重要内容。

4. 利用营销效果调研，开展人力资源开发效果评估

对人力资源开发效果的跟踪也体现了内部营销的思维，它不仅有助于中小企业了解人力资源开发的效果，还有助于中小企业发现在人力资源开发中存在的问题，为更好地开展人力资源开发提供借鉴。

中小企业可以营销效果调研技术和 Kirkpatrick 的四层次培训效果评估模式为依据，建立完善的人力资源开发效果评估体系，全面评价人力资源开发内容本身的可实践性以及对员工工作绩效的影响程度。利用营销效果调研技术，监控人力资源开发的反应层次和学习层次，有助于中小企业了解整个开发过程，为改进开发方式提供参考；监控人力资源开发的行为层次和效果层次，有助于中小企业掌握员工所学知识对企业长远发展及自身职业发展所发挥的作用。此外，中小企业还可以为积极参与人力资源开发的员工提供施展其才华的空间和条件，并根据其表现给予相应奖励，这不仅可以提高员工的满意度，而且使得企业的人力资源开发更有效。

参考文献

[1] 关培兰、祝尊乾：《基于内部营销的人力资源管理创新》，载《经济管理》2006 年第 10 期。

[2] 王右平：《基于内部营销的人力资源管》，载《企业改革与管理》2007 年第 7 期。

[3] 史志明：《提高知识型员工工作满意度——基于人力资源开发的视角》，载《现代企业教育》2010 年第 6 期。

[4] 朱文郁：《核心竞争力视角下的我国企业人力资源开发》，载《煤炭经济研究》2007 年第 8 期。

约·哈里之窗在员工职业开发中的应用

刘传青

能力（ability），是让员工可以胜任某一种活动或职业的能力。当员工想要完成某件事，就必须具备它所需要的技能，否则一切将会如梦幻泡影，可望而不可即。潜能（potential），是尚未被发展出来的能力。近来有研究指出，一般人只有3%的潜力被开发出来了；如果能开发出4%，那就是天才；而即使如爱因斯坦这样的超级天才，也只不过开发了5%的潜力，可见人的潜力是无穷的。

而员工的潜能如何发挥出来呢？首先就是对其潜能的认知。古希腊哲学家泰勒斯在回答“什么事情最难办”时说：“了解自己。”由于人都是处在特定的环境中，对自我的认识在很大程度上要受到环境的制约，因而人们对自我的认识也就存在局限性。因而必须找到科学合理的方法，帮助员工认识自我，发现并激发潜能。下面，笔者试图运用“约·哈里之窗”理论构建挖掘员工职业潜力之模型。

一、约·哈里之窗及其应用

1995年，美国加州大学西部研究中心的心理学家约瑟夫·勒夫特（Joseph Luft）和哈里·英哈姆（Harry Ingham）发明了“约·哈里之窗”（Johari Window）理论，这对我们认识自我很有用。这个理论告诉我们每一个人对自己的和对世界上任何一件事情的认识都分为四个象限：

第一象限，自己知道别人也知道的事实，称为公开信息。人与人之间交往的目的就是扩大公开区，较大程度地相互了解、相互公开信息是保证较高沟通效果的重要方面。

第二象限，自己不知道但别人知道的事实，称为盲点。例如自己的处事方式，别人对自己的感受、看法等。

第三象限，自己知道但别人不知道的事实，称为隐私。例如自己的秘密、希望、心愿，以及自己的个人好恶等。

第四象限，自己不知道，别人也不知道的事实，称为未来之事或隐藏潜能。未知区是尚待挖掘的黑洞，它对其他区域有潜在影响（如图1所示）：

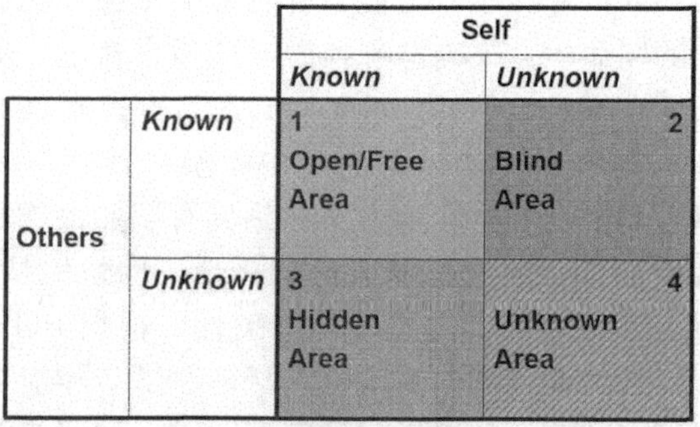

图1　约·哈里之窗

约·哈里之窗是一个整体不变、内部可变的活动窗口。如果“开诚布公的公共区”扩大，相应的“封闭的私人区”就会缩小。如不同的主体在不同的交往阶段，这4个区域的大小是不相同的，人与人交往相识接触的初期，公开区较小，随着交往的深入，逐步扩大。

在约·哈里之窗中，自己和他人并不仅仅是个体，约·哈里窗同样适用于组织间的信息沟通。随着该理论的发展，它已经成了一个广泛使用的管理模型，用来分析以及训练个人发展的自我意识，增强信息沟通、人际关系、团队发展、组织动力以及组织间的关系。

二、员工职业潜力约·哈里之窗

1. 霍兰德职业倾向测试的局限性

每个人在面对就业择业的时候，在职业兴趣和适合的工作领域等方面，一般表现出一定的倾向性。然而大多数人并不了解或不是真正清楚自己最感兴趣和最适合的工作领域。同时，在现代社会中，不同的行业和职业的数量有成百上千种，我们往往很难在数以千计的职业中，来确定哪种职业最适合自己。美国心理学家、职业指导专家霍兰德（John L. Holland）提出具有广泛社会影响的职业兴趣理论。认为人的人格类型、兴趣与职业密切相关，兴趣是人们活动的巨大动力，凡是具有职业兴趣的职业，都可以提高人们的积极性，促使人们积极地、愉快地从事该职业，且职业兴趣与人格之间存在很高的相关性。根据 Holland 职业兴趣理论发展而成的职业倾向测试可以帮助测试者相对精确地了解自身的个体特点和职业特点之间的匹配关系，同时为测评者在进行专业选择和职业选择时，提供客观的参考依据。

笔者认为，霍兰德职业倾向测试可以在一定程度上帮助测评者选择专业和职业，但对测评者的职业倾向的认知还是有限的，有很多未知领域是霍兰德测试不能发现的。因为该测试是建立在一些假设基础之上，假设本身与实际情况就不相符合，而且同样的测试题，不同的人甚至是同一个人在不同时间对其理解均有差异。由于理解的差异导致测试结果的差异，是霍兰德职业倾向测试不可避免的，毕竟该测试是针对所有专业、各种文化层次的人员。

2. 构建员工职业潜力约·哈里之窗

一个组织如果善于进行潜能的挖掘和发挥，那么将会有效地提高工作绩效、增进企业的创新能力，减少企业冗员数量，造就更加良好的企业文化氛围。因此潜能的发挥对于一个企业的成长与发展、在企业注重人本管理的今天，这个话题无疑具有更加重要的地位。而员工潜能的发挥和挖掘，体现在组织中，主要是对其职业发展潜力的挖掘。但是，组织要采用什么样的方式，才能充分地挖掘和发挥员工的职业潜力呢?

笔者认为，组织里人力资源管理者可以借用360度评估的方法，通过员工本人及其上级、下级、平级同事、亲朋和客户对员工职业潜力给予发现、挖掘。

（1）员工本人对职业潜力的认知

员工本人对其职业潜力的认知主要是根据其本人的专业知识水平、已有的工作经验和实际工作能力水平等，对其目前能够胜任职业的认识以及根据员工本人的意愿和理想，结合其性格特征、兴趣爱好等，对其将来能够从事的工作或能够达到的职业高度的认识。其实职业潜力包含目前能够胜任的职业以及将来能够胜任的职业。

（2）他人对员工胜任岗位及职业的认知

由人力资源管理者组织，让员工的上级、下级、平级同事、亲朋、客户及公司人力资源专家顾问等至少六人，根据每人对某员工专业知识、已有工作经验和实际工作能力等方面的认知，结合岗位胜任特征要求，列举出某员工目前胜任的工作岗位或职业；并根据该员工的兴趣爱好、性格特征、情商、学习能力等对其将来可能从事的职业和岗位列举出来。

（3）员工本人及他人对其职业认知的差异性分析

对员工本人及他人对其职业潜力的认识进行差异性分析。由于他人评价人数较多，每人从各自角度和认识进行评价，因而评价结果未必相同，所以进行差异性分析首先要对他人评价的相同度进行分析。所谓他人评价的相同度，就是不同的评价人对某人在职业潜力上评估的相同程度或认为某人适合某一职业的相同率。比如有 6 人参与对张三的评估，其中 4 人都认为张三能够胜任证券投资分析师职业，那么，他人评价张三职业潜力为证券投资分析师的相同度为 2/3。

（4）员工职业潜力之约 · 哈里之窗构建

对员工本人及他人对其职业潜力的认识进行差异性分析的结果可以区分为本人知道他人知道、本人知道他人不知、本人不知他人知道、本人不知他人不知四个部分，也即员工职业潜力之约 · 哈里之窗的四个象限（如图 2 所示）。

对他人评价进行相同度分析的目的是为了对他人评价结果进行归类，可以假设 6 人对张三评价，如果某职业有一半（含一半）以上人提及，那么该职业可以认定属于他人知道范畴；反之，某职业提及人数在一半以下，便可将之归为他人不知的范畴。这样归类后便可将第三步员工本人及他人对其职业认知的差异性分析结果纳入员工职业潜力约 · 哈里之窗了。

第一象限便是本人评估的与他人评估相同的职业，其中他人评估的相同度在 50% 以上；第二象限是他人评估相同度在 50% 以上但本人评估不包含的职业；第三象限是本人评估包含而他人评估相同度在 50% 以下的职业；第四象限是本人评估不包含而且他人评估相同度在 50% 以下的职业。

从职业胜任能力上来看，可以认为第一象限是已知的而且是已经拥有的能力；第二象限是已经拥有的但尚不知道的能力；第三象限是已知的，但尚未拥有的能力；第四象限是未知的、未拥有的能力。

		自己	
		知道	不知道
他人	知道/拥有	第一象限 已知、已拥有的职业潜力	第二象限 未知的已经拥有的职业潜力
	不知道/未拥有	第三象限 已知尚未拥有的职业潜力	第四象限 未知未拥有的职业潜力

图 2　员工职业潜力约·哈里之窗

3. 员工职业潜力约·哈里之窗的假设基础

员工职业潜力约·哈里之窗是建立在以下假设基础之上：

一是参与员工评价的人对员工的专业知识水平、已有工作经验及其性格特征、兴趣爱好等熟知，评价人掌握同一评价标准。

二是将他人评价相同度在50%以上的视作他人知道；而将他人评价相同度在50%以下的视作他人不知道。他人知道意味着此项职业能力已经得到展示，本人拥有此项能力；他人不知意味着此项职业潜力得不到机会展示，本人尚未拥有此项能力。

之所以作如上假设是因为职业种类繁多，具体到某个体适合从事的职业其实并不多。但既然是研究职业潜力，必然不是本人和大多数人所能见到的。

三、员工职业潜力的开发

员工职业潜力的开发从职业潜力约·哈里之窗来说，就是四个象限的移动。笔者认为，员工职业潜力约·哈里之窗中第一象限越大越好。通过学习和潜意识开发等两个途径，可以使第一象限越来越大，而第二、第三、第四象限的范围越来越小。

1. 学习

人的学习在时间上是一个终身的过程，同时，学习与实践相结合，这是公认的一条公理。各种类型的组织学习理论如学习型组织理论和实践研究在这方面形成了大量的成果，以帮助企业提高组织的学习力，从而提升组织的竞争优势。

但是，另一方面，学习从来就不仅仅是而且也将永远不会仅仅是一项功利的活动。学习有功利的一面，如职业教育和培训。也有非功利的、以促进人的发展和完善自身为目的的一面，就像虽然电脑可以帮助人们快速获得信息，但还是有人喜欢看书一样。从实际发生的情况来看，企业培训也在逐步沿着知识更新、技能补充、思维变革、观念更新不断推进，再深一步就是心理调适层次的潜能开发，也就是说，朝着兼顾组织和个人的目标前进。

综上所述，在组织培训中出现了两个趋势：一方面，越来越注重工作场所中的学习；另一方面，越来越注重员工的潜意识开发。

从职业潜力约·哈里之窗（图 2）中可以看到，第三象限已知尚未拥有的职业潜力就可以通过学习使之从未拥有变成拥有，也即从第三象限移动到第一象限。第四象限的职业潜力也可以通过学习使之从第四象限移动到第二象限。

2. 潜意识开发

潜意识开发随着 20 世纪 60 年代人本主义心理学和“人类潜能运动”的兴起而逐步发展起来。许多研究者和崇尚者将心理学理论和东方哲学、禅宗的理论和做法相结合，发展出开发个人潜意识的种种方法。这些方法集中在三个方面：一是聚焦于个人的潜意识开发；二是和工作实践的关联很少甚至根本就没有关联，有的甚至认为静思就是一种能量，它能吸引相近的能量，最终达到预想的效果；三是集中于内心的体验，和从外部学习没有什么关联。这样，潜意识开发就成为一种纯粹的个人主义的冥想和自恋。同样，个体的潜意识开发也有两种情况：一种是通过潜意识开发了解了自己的潜能；另一种是通过潜意识开发了解了自己的不足。这两种情况都有助于个体的职业潜力开发。

从职业潜力约·哈里之窗（图 2）中可以看到，第二象限未知的已经拥有的职业潜力可以通过潜意识开发移动到第一象限，第四象限未知未拥有的职业潜力也可以通过潜意识开发移动到第二象限。

综上所述，可以通过学习和潜意识开发来开发员工职业潜力，当然，除学习和开发外，实践是员工职业潜力开发的必不可少的途径。

参考文献

[1] 哈默尔：《员工激励、引爆员工潜力的 32 条策略》，九州出版社 2004 年版。

[2] 王通讯：《人才潜能开发学》，中国社会科学出版社 2001 年版。

[3] 张文贤、陶云武：《员工潜能开发的三维模型》，载《经济管理》2006 第 17 期，第 61 – 65 页。

农民工就业培训问题文献综述

王彦芳

要研究农民工就业培训问题，就需要先认识并了解农民工的特征，学术界对农民工的特征进行了总结性的概括。国务院研究室课题组成员分别在各大省市展开了调查，做了《中国农民工调研报告》。报告中分析四川省、广东省，上海、武汉、南京等城市农民工就业培训现状。国家劳动和社会保障部课题组也下发了文件《关于农民工情况的研究报告》，文件中强调完善农民工的就业服务和职业培训，必须贯彻城乡协调要求，强化以人为本的理念，立足我国农民工数量大、公共资源有限的实际，着眼于长效机制建设，逐步建立城乡劳动者平等就业制度，形成城乡统一的劳动力市场，并健全与此配套的服务体系和培训制度。为了提高农民工的素质和就业能力，国家于 2003 年 10 月正式颁发了《2003—2010 年全国农民工培训规划》。但问题并不容易解决，农民工特殊的身份地位以及城乡间的复杂关系决定了农民工就业培训必将是长期的、艰巨的和复杂的。

一、农民工的特征

（一）农民工的社会学特征

学者刘怀廉在《中国农民工问题》中指出，农民工的社会学特征。首先，农民工流动是我国新的历史时期人口流动的主要形式和集中表现，是一种向上的社会流动。从总体上看，农民工在经济地位、职业声望、社会影响力和阅历等方面比农民有优势。

他们有机会通过社会流动来改变自身的社会经济地位和职业声望，社会也才会给他们提供更多的流动空间和个人发展空间。其次，农民工的性别构成以男性为主，不过近年来女性农民工的数量有增加的趋势，城镇的工作岗位始终是以男性农民工的需求为主，尤其农民工在城市从事的职业多为脏、累、差的建筑、采掘等行业，这些职业对健康和体力的要求也多是男性能够满足，但随着近年来服务业的兴起，对女性农民工的需求也开始增加。再次，农民工受教育的水平基本上是高于流出地，但低于流入地，农村的教育落后于城市的教育，尤其在职业教育方面，外出的农民工多半都是本地教育水平比较高的农民，而农民受教育的程度不及城镇人，其实这也就决定了农民工在城市就业的职业低端性。最后，“新生代农村流动人口”的形成，这是对一个特定群体的总称，他们基本上是农村年龄低于25岁的年轻人，虽不是农民，但在农村长大，基本上不从事或者不会从事农业生产，一定的教育也使他们敢于闯进城市漂泊，他们虽给城市的发展带来一些不稳定因素，但只要在国家和政府因势利导下，他们会对城市建设做出更大的贡献。农民工流动从空间上表现为从农村向城市流动，不管是从哪个特征上看，都是社会进步的体现。从职业上看表现为从农民转化为工人，从身份上看体现为由农民变为市民。

（二）农民工的从业特征

农民工特殊的地位和自身教育水平决定了他们无法胜任对技术性要求比较高的职业，大部分农民工都在建筑、采掘、制造等行业就业，所以，农民工的从业领域相对集中，而且主要集中于一些中低层的产业领域。其次，农民工的职业流动相当频繁，大多数农民工就业都不稳定，流动性也比较大，临时性的工作居多，大多数从事的多是季节工、承包工、小时工等，大多与用人单位也不签订合同。再次，农民工就业多以非正规就业为主，这样他们的雇佣关系不稳定，收入较低，劳动更缺乏保障，丢失工作的风险也比较大等等；最后，农民工的就业率比城镇常住人口高，但工资收入低、工作强度大、发展条件差。农民工对工作岗位的要求比较低，再加之自身的素质条件，使得他们对工作的理想性不高。关于农民工的从业特征，基本上都会出现在研究农民工就业培训问题的文献上，是研究农民工就业培训问题的基础。

二、农民工成因与农民工未来发展的分析

（一）农民工成因

第一，出现大规模的农村剩余劳动力转向非农产业和城市的现象。一个传统的农业国家，要变成一个现代化、工业化、城市化的现代化国家，随着农村经济的迅速发展和产业结构的不断调整，农村劳动力的就业格局发生了显著变化。在实现工业化、城市化的过程中，大量的农民、农村劳动力转移到城里来，变成城里的工人或者职员，变成城市的居民，所有的发达国家都是这样走过来的。从世界各国的发展历史来看，现代化进程也是城市化进程，这一进程伴随着大量的人口转移，大量农民流向城市。在美、英等发达资本主义国家，农业劳动力转移虽然各有特点，但有一点是相同的，即劳动力转移速度与社会经济发展速度是一致的。在发展中国家，农业劳动力转移的方向一般都是直接转向城市的工业和服务业。

第二，目前，我国流动就业的农民工已达相当规模，成为经济社会发展中一个不可忽视的重要力量，从总体上看，农民工流动就业将呈两大趋势：一是流动就业的规模会继续扩大；二是流动方向的集中化不减，分散化增加。农民工伴随着中国工业化、城镇化和改革开放的进程而产生和不断发展。中国涉及农民工（农村劳动力流动就业）的政策大致经历了从“自由迁移”到

“严格控制”、从“离土不离乡”到“离土又离乡”、从“消极应对”到“积极引导”三个发展阶段。分析中国农民工的由来离不开城乡“二元社会结构”，可以说它是理解当前社会分层的必经之路，“城乡二元结构”的概念是农业部原政策研究中心农村工业化城市化课题组于1988年最早提出并详细论述的。农民工是在我国特有的城乡二元结构下产生的概念。

（二）农民工走向

伴随传统农业向现代农业转变这一历史大背景，农民工在未来社会的分化中，在相当长的时期内农民工都会作为一个特殊的群体出现，但也不是必然要朝着完全的工人方向转变。农民工进军城市，促进了我国工业化、城市化进程。农民工融入城市是推进中国特色工业化、城镇化、现代化健康发展的战略任务。农民工从盲目流动到有序流动，从“农民向农民工的职业转移”到“农民工向市民的身份转移”，从素质能力单一到素质能力全面提升的过渡阶段。

如果说农民工最终要成为工人，那么他们将面临很多制度和政策上的障碍。比如农民工流动就业政策。落后的就业服务体系不适应农民工流动的需要。从社会学角度看，“农民工”是一个“身份+契约”的称谓，他们要承受身为“农民”和“工人”的双重负担。从社会心理学角度看，由于担心大量农民工的涌入会给城市生活带来种种困扰和问题，城市社会产生了一种对农民工的对峙心理和排斥倾向。依据不同的标准，农民工可以划分为城市化的农民工与非城市化的农民工，乡镇企业的农民工和城市中的农民工，体力型、技术型、智能型农民工与劳动资本复合型农民工几种类型（分类）。进城务工的农民在现代产业分工体系的作用下，出现了二次分化，也就是在原来意义上的农民分化为若干职业群体后，作为其中一个统一身份的流动农民内部的再分化，即形成若干类别群体或等级群体的过程。这种分化是我国从计划经济体制向市场经济体制转轨的必然产物，也是历史的进步。

（三）农民工就业方面的弱势表现

用弱势群体的概念来描述农民工的状态。从社会学的角度看，弱势群体是由于社会结构急剧转型和社会关系失调或由于一部分社会成员自身的某种原因而造成对于现实社会的不适应，并且出现了生活障碍和生活困难的人群共同体。在社会学看来，弱势群体所存在的问题也必然是社会的问题。弱势群体问题得到有效的解决或缓解，有利于社会结构和社会关系的调适，从而有利于维护社会稳定，推动社会发展。反之，则势必会损害社会公平，增加社会风险，进而损害社会效率，妨碍社会发展。从群体的基本特征上来看，弱势群体具有经济上的低收入性、生活上的贫困性、政治上的低影响力和心理上的高度敏感性。与经济发展相比，社会发展明显滞后，社会上出现了许多不和谐的现象，形成了许多社会问题。其中，主要群体弱势化趋向是指：主要群体中的许多成员的生活状态没有能够同社会经济的发展保持一种同步的关系，而呈现出某种程度的边缘化状态，他们的竞争能力表现出某种弱化和退化的状态，他们的基本权利有时得不到应有的保护。20 世纪 90 年代的中国劳动力就业遇到了新的挑战：产业结构调整和国有企业改革推进带来大量职工下岗，这一过程又伴随着城市化加速的必然趋势——农村劳动力大量流向城市。尤其是中国新增经济活动人口压力一直居高不下，使得世纪之交的中国面临严重的就业“冲击波”。

农民工是一个在社会资源分配上具有经济利益的贫困性、生活质量的低层次性和承受能力的脆弱性的特殊性社会群体。与此同时，因为农民工享受不到与城市劳动者同等的待遇，劳动权益又得不到保障，毫无疑问地被划为我国的弱势群体。与农民工地位不相符的是，目前，农民工占整个产业工人的 30% 左右为城市的发展做出了重要贡献。所以，无论从发展具有中国特色社会主义市场经济的改革方向，还是从建设有中国特色的社会主义的全面小康社会的发展目标来看，农民工的弱势地位都亟须改变。

农民工在城市里处于弱势地位的社会问题是在社会转型这一时期所形成的。当前，从企业角度来考虑企业对低素质劳动力的培训成本要远远高于较高素质的大中专毕业和专业技术人才。所以企业对低素质的劳动力需要呈下降趋势，低素质的农民工就业将会受到越来越大的压力。我国城市农民工的就业弱势主要体现在以下四个方面：（1）职业歧视，（2）雇佣歧视，（3）工资歧视，（4）再就业歧视。

三、农民工就业培训

农民工就业培训可以使其摆脱上述弱势地位，加速其转变成为城市工人。各级政府要协助企业承担起培训任务，提高农民工的持续就业能力；要多渠道筹集资金，建立国家、企业和劳动者三方面分担培养费用的投入机制，要鼓励企业对农民工进行在职培训，对重视培训工作的企业予以奖励，推进培训与就业的一体化进程。

农民工职业培训仍面临着较大的困境。应该看到，更新传统观念，增强培训意识，使社会与农民工共同形成新的培训需求，这当是全社会应予以关注的大问题。大量的文献资料显示，农民工就业培训现状不容乐观。

据国家统计局抽样调查统计：在2004年外出就业的1.2亿农村劳动力中，接受过培训的占28%。以此推算，应有3000多万人曾参加过类似培训，农民工培训市场需求巨大。劳动保障部门所属技工学校、就业训练中心和审批的民办培训机构2004年共培训农村劳动力700多万人。其中：全国2884所技工学校学制教育和短期培训农村劳动力约 100 万人；3323 所就业训练中心培训农村劳动力约 250 万人；两万多所民办培训机构培训农村劳动力约 370 万人。此外，农业、教育、科技、建设、扶贫等部门，以及工会、共青团、妇联、工商联等群众团体也组织农民工的培训。上述培训除技工学校和部分职业中学毕业生接受了较正规的职业学校教育外，绝大多数是短期实用技术培训，达到国家职业技能等级标准的比例也较低。

自 2003 年以来，我国各地区广泛开展了农民工就业培训的工作，并采取了有效措施。归纳起来主要有：一是建立就业扶持援助政策体系。例如，江苏省无锡市对参加培训的农民工进行培训经费的资助并发放培训补贴，对培训好的企业和个人给予适当的奖励；江苏省泰州市、河南省鹤壁市对农村贫困家庭实行免费的技能培训。二是搭建农村培训基地，完善农民工就业培训的相关体系。如广西南宁市引导企业将先进设备引入培训基地，这不仅提高了农民工的技能，也提升了企业的人力资本，实现了企业和农民工的“双赢”。2009 年，广东省实行了 400 万农民工就业培训计划，但是只有具有初级以上技能的 100 万农民工才有资格培训。因此，贫困地区农民工的就业培训还存在诸多问题：财政资金投入较少，培训方式落后单一，培训优惠政策落实不到位，监督管理力度不够，培训难以满足市场的需求。当前金融危机造成的农民工失业主要是结构性失业，其主要原因在于农民工缺乏一技之长，因此需要进行农民工的就业培训。

我国已经开展了形式多样的农民工就业培训，农民工就业培训模式也具有多样性等特点。从培训机构的设置主体来看，主要有以政府为主体、教育机构为依托的“政府模式”，企业主导型的“企业模式”，利用社区资源开展的“社区模式”，民办营利性的“市场模式”，社会公益性组织海外基金会等筹办的“NP”模式，农民工自发组织的“自助模式”。但从这六个模式的具体实施情况来看，“NP模式”、“社区模式”、“自助模式”这三个模式还存在着资金缺乏、政府财政和政策支持不足等问题，而这三种模式需要采取调动公益性组织积极参与，利用社会资源等方式来推动农民工就业培训。对于“政府模式”、“企业模式”这两种模式来说，虽然有国家提供的优惠政策，但这些政策只是暂时性的，并非能真正起到提高农民工就业技能、促进农民工可持续就业的作用。总体而言，这六种模式还存在着一些问题，如农民工的培训需求与培训内容、培训信息不对称，导致农民工培训的参与率低；培训的监督评估体系不健全，教师队伍不稳定性，企业参与度低，导致培训的质量难以保障。

虽然政府重视农民工培训，目前我国已形成了多层次、多形式的农民工就业培训模式，但农民工培训参与率低、政府管理不力、企业投入不足。特别是在培训资金方面，市、县级因财政困难而达不到“阳光工程”的资金投入比例要求，导致农民工培训体系无法有效正常运转。

国家已对农民工培训进行了财政专项补贴，并实施了“农村劳动力技能就业计划”、“农村劳动力转移培训计划”等，但企业和农民工参与率低，出现了“政府热、两头冷”的局面。究其原因：一方面，农民工和用人单位虽有潜在需求但有效需求不足；另一方面，培训供给方，即培训机构所提供的培训缺乏实用性。因此，农民工培训投资的回报率低，职业资格认证滞后，就业缺乏稳定性。

根据有关资料统计表明，农民工经过短期培训的占20%，初级职业技术培训的仅占3.4%，而高达76.4%的农民工并没有参加就业培训，由此可见，我国的就业培训覆盖面比较小，其运行模式还处于不成熟的发展阶段，所实施的培训还不能满足增加农民工收入和提高农民工就业竞争力的客观要求，主要表现在：一是培训制度不健全，农民工培训缺乏实效性；二是培训内容尚未根据农民工的不同需求进行设置，培训缺乏针对性。这些问题存在的根本原因在于培训资金紧缺。

就业技能培训对提高农民工就业质量发挥了积极作用，经过技能培训的农民工比未参加培训的农民工的就业机会高出很多倍，工资也要高出20%左右。但由于政府对农民工的就业培训重视不够，我国很多省份，尤其是中西部地区农业大省的农民工就业培训资金、政策投入仍不足，导致未参加培训的农民工就业不稳定；参加培训的农民工由于培训时间短、培训内容脱离实际，就业技能仍然没有得到深度的提高。

一些学者和专家对农民工就业培训效果不好的原因作了分析，他们主要从农民工自身原因、用工单位和政府部门三个角度出发来研究。总结他们的观点主要有以下几个方面。

1. 农民自身的问题

培训难的主要原因如下：一是受传统自然经济的影响，农民工自给自足的思想观念导致他们的目光短浅，视野较窄。他们在生活中只看见眼前状况，不往远处看，不开拓进取，很少对今后长远的发展进行深入的考虑，很少有加强自身就业培训的想法。二是农民工内心深处形成强烈且难以摆脱的自卑感。长期以来逐渐形成了不同的思维方式、生活形态和不同的人生价值观的反差，使相当多的城市人对生活在不同环境中的农民工普遍存在着傲慢和偏见。在长时期的排斥后，他们在城镇中寻求自我发展的热情和信心也屡屡受挫。再加上他们在城镇得不到应有的尊重和保护，因而农民工对城市怀有戒备和恐惧。过于自卑的心态，使其在自身培训问题上缺少主观自愿性。三是很多农民工对于外出打工的目标不是非常明确，不知该不该学、学什么、学了有什么用。另外，多数参加就业培训的农民工虽然在培训费用上不用怎么支付，但是对于车费、伙食费、住宿费仍须掏钱，而且还误工。四是农民工在城市没有较为固定的职业，他们历来是以“临时工”的身份出现在城市里，加上农民工自身素质不高，过着朝不保夕的生活，无法激活他们潜在的培训需求。五是农民工的实际需要与培训专业课程的设置严重脱节。

从农民工的整体来看，对文化知识和技能培训有着强烈的渴求和迫切的愿望。农民工教育培训具有教学对象分散且职业变动比较大、教学时间不定、约束力差等特点，使教学时间和质量难以保证。从吉林市调查数据中可以看出，农民工调换职业最多的达7次，最少也有2次；从事一项非农活动的时间都不能维持很长，最短的只有几个月，长一点的一般也就在3—5年，干到10年的很少。

农民工的就业培训之所以会出现目前这种状况，与农民工当前的社会身份有很大的关系。要想深刻了解农民工的教育培训问题，就要弄清他们的社会身份中所隐含的各种复杂的、深层的异于其他劳动者的最本质的区别。

第一，农民工的制度身份为他们带上了非常沉重的枷锁。虽然他们进了城，当了工人或从事其他非农职业，但他们的户籍仍是农民户籍，这就造成了他们被排斥在城市体制之外。第二，农民工的雇佣身份。他们背井离乡，离开了土地，来到城镇打工，被雇佣做一些靠出卖劳动力的苦活累活。第三，农民工的职业身份，他们所从事的是非农产业，或者以非农工作作为主要的职业，他们的主要经济来源是靠离开土地的一切非农活动。第四，农民工的流动身份。他们从农村走向城市，从落后地区向较发达地区流动，是一种自发的盲目的流动。同时，他们在职业的雇主间的流动也具有很大的随意性。第五，农民工的低文化水平身份。全国第五次人口普查，农村流动人口接受十年制教育的情况是：未上过学的占4.74%，上过小学的占30.77%，接受过初中教育的占52.07%，高中以上水平的仅占12.42%，可见87%以上的农民工其文化水平在高中以下。

农民工的身份决定生存状态和受教育培训现状：

第一，低下的社会地位无法保障农民工受教育的权利。在传统的城乡二元体制规定中，没有城市户口的农民工，不能跟城市居民一样享受国家社会福利和保障待遇。在城市中，农民工的社会地位与其他社会阶层相比属于底层社会。在工作中，他们也与城镇职工“同工不同酬，同工不同时，同工不同权”。从权利上分析，农民工缺乏自我保护能力，没有组织能力，缺乏对政府的发言权，也没有与企业对话的权利，所以农民工的受教育权受到漠视。从社会声望上分析，他们是被社会看不起的群体，受到各种各样的不公平对待和歧视。从国民待遇上分析，他们从政府那里获得的服务非常有限，经常被排斥在当地政府的服务范围之外。由于社会地位低，农民工的受教育权利在工厂和企业中的都得不到重视。作为城市的边缘人，当地政府也很少会支持和帮助农民工。由于这种落后的农民工体制既不能激励农民工学习技能，又不能促进企业重视农民工的技能培训，甚至损害了城镇职工学习和提高技能的积极性。

第二，频繁的职业变动使企业和单位不愿为农民工提供教育和培训。农民工获得就业培训机会多与职业的不稳定和多变性有密不可分的关系。现阶段，我国农村劳动力处于无限供给状态。因此农民工外出打工没有多少选择余地，他们只能处于被动接受状态。中国《劳动法》也没有有效地保护农民工的就业权益，同时他们自己的法律意识也很淡薄，绝大多数农民工不知道也无法与企业签订劳工合同，不少企业利用这一点，钻法律的空子，采取短期用工的策略，为了骗取更多的农村廉价劳动力，来降低企业生产和经营成本。而农民工有时为了寻找更好的工作，或不愿长期从事同一种工作，也经常会不辞而别，因此农民工很难与企业或单位建立起长期稳定的契约关系。正是农民工的这种频繁流动和不稳定的关系是企业或单位不愿拿钱为农民工提供教育和培训的根本原因所在。

第三，微薄的经济收入使其根本无法承担培训的费用。农民工干的是城市中最脏、最苦、最累、最危险的工作，但他们能获得的收入却很低，更不能享受城镇“低保”以及社会保障（如医疗保障、养老保障）。

第四，落后的思想观念使农民工自身认识不到学习的重要性。他们以为这些岗位是不需要技术的，只要有体力就行。他们认为参加培训花费高且劳心伤神不如出卖体力来得痛快。低下的文化技能素质，使农民工很难找到稳定且高收入的工作，疲于奔命的工作状态使他们没有机会接受现代意识的熏陶和影响，这样就更加影响了农民工素质的进一步提高，这无疑使农民工的生存陷入一种恶性循环的生活状态中。长此以往，农民工将永远都不会意识到学习的重要性。

2. 政府部门职能

自 2003 年以来，国务院、教育部等部委先后多次发布了关于农民工就业培训的文件、意见和通知。2003 年，农业部、劳动和社会保障部、教育部等联合制定了《2003—2010 年全国农民工培训规划》；2004 年，农业部、劳动和社会保障部、教育部等共同组织实施了农村劳动力转移培训的“阳光工程”；2006 年，国务院公布了《国务院关于解决农民工若干问题的意见》；2007 年，农业部、财政部、劳动和社会保障部等发布了《关于做好 2007 年农村劳动力转移培训阳光工程实施工作的通知》；2008 年，教育部办公厅发布了《教育部办公厅关于中等职业学校面向返乡农民工开展职业教育培训工作的紧急通知》；2009 年，教育部发布了《教育部关于切实做好返乡农民工职业教育和培训等工作的通知》；2010 年，国务院发布了《关于进一步做好农民工培训工作的指导意见》。由此可见，农民工就业培训日益受到政府和各级部门的高度重视，这就在政策层面上为农民工培训的顺利开展提供了重要依据和可靠保证。

在农民工的服务和培训上，政策缺乏且投入不足还没有正式纳入重要日程。各级政府在农民工培训上虽已做了些工作，但仍存在许多亟待解决的问题。一是有关政策落实不到位。在社会转型期，企业用人方面的许多法律法规尚不健全。一些企业为了追求利益的最大化，常以农民工缺乏稳定性为由，拒绝对其招用的农民工实施培训。这就导致了一些农民工虽然打工数年，但在职业技能方面始终无长进。所以农民工一遇到企业的改制便立刻被淘汰出局。其结果，也只能使不少农民工的职业技能愈加与科技的进步和生产水平的发展不相适应。用人单位对利益最大化的追求，使其在农民工培训问题上不愿意有较大较多的培训投资。二是思想认识不到位。大部分地方对农民工培训重要性的认识不到位。三是统筹协调缺乏力度。培训工作中还存在条块分割的情况，形不成凝聚力来刺激就业培训工作的广泛展开。四是培训投入不足。《中国农民工调研报告》中指出 2004 年四川省财力用于农民工培训经费 6100 万元，按培训 500 万人次计算，人均培训费 12.2 元，对兴办职业技术教育培训机构缺乏信贷支持，做强做大培训机构较为困难。

强化政府培训责任机制：逐步建立有利于返乡农民工再就业培训的宏观政策和教育培训体系：（1）通过调整产业结构实现部分产业从东部向西部转移，创造再就业机会；（2）整合各类职业教育培训资源，建立适合农民工不同层次需求，符合劳动力市场需求的教育培训体系；（3）地方政府通过发行“教育券”为返乡农民工参加培训提供物质保障；（4）加强对返乡农民工再就业培训的宣传和立法工作。由地方劳动部门组织，建立和完善农村职业介绍机构，为返乡农民工再就业提供有效的引导。

五、对策建议

1. 亟待消除落后的农民工体制性障碍，统筹城乡就业，对城乡分割的就业管理体制进行改革，建立城乡统一、平等竞争的劳动力市场，逐步形成市场经济条件下促进农村富余劳动力转移就业的机制，让农民工充分享受平等的就业机会和服务。

2. 进一步完善就业培训体系，首先，建立农民工培训就业跟踪服务网络，让农民工免费获取政策咨询、就业信息、就业指导和职业介绍；再有就是输出地和输入地协作应得以加强，开展有组织的就业、创业培训和劳务输出；鼓励发展各类就业服务组织，加强就业服务市场监管；对于职业中介、劳务派遣和企业招用工行为应依法规范；尤其是以职业介绍或以招工为名坑害农民工的违法犯罪活动更应严厉打击。政府应因地制宜，即各地区各部门应根据本地区本部门的实际，适应工业化、城镇化和农村劳动力转移就业的需要，对于农民工职业技能培训和引导性培训工作应大力开展，随着企业生产规模的转变，农村劳动力培训规模也应扩大，建立以就业培训和公共职业介绍为一体，布局合理、功能完善，综合性相结合的大型培训基地，为农民工提供面对面的服务。

（1）教育责任应由政府来承担。农民工如今已经成为工人阶级中不可缺少的一部分力量跨入了“工人”门槛，所以，对他们的教育责任各级城镇政府是有义务主动承担的，而且也绝对不能采取一系列如忽视、漠视或推诿等不负责任的态度，对于农民工就业培训的工作政府官员要当成一件要事实事来抓，并且应将这列入对政府官员的考核项目中，把农村劳动力转移培训绩效作为相关部门和单位年度考核的重要内容。督促他们实实在在地为农民工谋福利。

（2）在政策上应给与大力支持。政府要制定切和本地实际并调动各方面的投入来促进政策的制订，并且成立有关的监察、监督部门，保障农民工教育的各项制度、规定的实施。

（3）应最大化地发挥宏观调控的作用，这样有利于及时了解农民工教育开展的状况，做到随时发现问题，并尽全力解决问题，引导农民工就业培训，配合社会经济建设总目标有序、健康发展。

3. 企业要端正思想，要重视承担责任的问题，对于农民工工作、生活依靠的企业来说，农民工就业培训当然也应该以企业为主体。首先必须保证做到端正理念：在当今这个多元化的世界，面对国际国内同行业的激烈竞争，企业要想求生存，求发展，必须依靠科技进步和提高劳动者素质。所以对全体员工包括农民工的教育培训是办好企业的保障，熟练工、等级技工是企业的人才，作为企业要克服为节省工酬而“年招年换”的短期行为，并与农民工尽可能建立长期稳定的劳务关系，从而不断为农民工教育的持续开展、素质的不断提高创造有利条件。明确企业的教育培训理念，企业的目标就要从追求兴旺发达出发，高度自觉、精心设计、创造条件、合理安排、进而为科学有序地对农民工实施就业教育培训的工作做好铺垫。要把此项工作当作关系到企业生死存亡的常规任务来抓，并组织一定的人力、物力和财力，来保证长期有效的实施。

4. 注重面向农村职业教育的大力发展，对于是我国产业工人后备军的农村初、高中毕业生来说，他们的职业技能的提高应作为当今社会职业教育的重要任务之一。这就要求各地区各部门应制定具体措施，扩大面向农村的职业教育范围，使面向农村的职业教育质量得到提高。比如，各类职业技术院校扩大农村招生规模，积极鼓励农村初、高中毕业生接受正规职业技术教育，举办农民工就业培训短期班。对于那些家庭困难的农村学生，国家应通过设立助学金、发放助学贷款等方式来帮助他们完成职业教育培训。对县级职业教育中心建设要进一步加强，让农村更多劳动力走上就业岗位。

5. 加强农民工职业技能培训，各地要适应工业化、城镇化和农村劳动力转移就业的需要，大力开展农民工职业技能培训和引导性培训，提高农民转移就业能力和外出适应能力。

（1）加强专业技能培训。首先发展订单式培训，研究制定鼓励农民工参加职业技能鉴定、获取国家职业资格证书的政策，做到培训和考证相结合。

（2）协助教育职能部门统筹社会教育资源。进一步注重实效，提高质量。加强农村劳动力转移培训，要坚持实际、实效的原则，走“教育同市场接轨，培训同市场挂钩”的新路子。在教材开发上，既要讲究规范、统一，又要立足于农民工自身的实际和要求。在培训内容的设置上，既要符合国家产业政策要求，又要适应农民工就业的现实需要，多实践操作，少理论学习，确保受培训的农民工学有所获、学有所用，快速掌握一门以上实用技能。在培训方式上，根据一些行业农民工分散性、流动性、季节性、工作时间长、不固定的特点，要采取职业技术院校分散学与集中学相结合，短期技能培训与长期职业教育相结合，节假日、休息日、八小时之外，只要有需要就开课，真正做到“以就业指导培训，以培训促进就业”。

（3）完善农民工就业培训补贴办法。对参加培训的农民工给予适当培训费补贴。继续推广“培训券”等直接补贴的做法。农民工不再为承担受教育和培训的费用发愁，不再抱怨拿出几个月的劳动报酬去负担就业培训费用。

参考文献

[1] 国家劳动和社会保障部课题组：《关于农民工情况的研

究报告》2011 年。

[2] 刘怀廉：《中国农民工问题》人民出版社 2005 年。

[3]《中国农民工问题概要》，载《农民日报》2006 年 1 月 16 日。

[4] 北京大学中国经济研究中心城市劳动力市场课题组：《中国城市劳动力市场和就业现状调查报告》2012 年。

[5] 国务院研究室课题组：《中国农民工调研报告》，中国言实出版社 2006 年版。

[6] 张跃进等：《中国农民工问题解读》，光明日报出版社 2007 年版。

[7] 华中师范大学、中国农村问题研究中心：《"市民还是农民"—农民工未来阶级、阶层走向解析》2009 年。

[8] 吴忠民：《中国社会主要群体弱势化趋向问题研究》，载《东岳论丛》2006 年第 2 期。

[9] 王德文，张展新，程杰等：《金融危机对贫困地区农村劳动力转移的影响》，载《中国农村经济》2009 年第 9 期。

[10] 张车伟、王智勇：《全球金融危机对农民工就业的冲击一影响分析及对策思考》，载《中国人口科学》2009 年第 2 期。

[11] 黄晓梅：《我国农民工教育培训存在的问题及解决对策探析》，载《湖北社会科学》2009 年第 10 期。

第三编

劳动关系管理

大学生就业能力的内涵与结构的研究述评①

汪昕宇　孙克民

当前，我国就业的总体形势严峻，大学生就业仍是当前的突出问题。2013 年被称为史上大学生“就业最难年”，699 万高校毕业生带来的不仅是大学生劳动力市场供给的压力，更恶化了长期以来形成的结构性矛盾。就业人数激增与就业市场达到超饱和状态的矛盾是造成大学毕业生就业难的重要原因②，但供求总量矛盾会随着未来毕业生人数的下降和整体经济形势的好转而得到缓解，而结构性矛盾会长期存在。结构性矛盾的最具体表现是，高校毕业生因不能满足岗位需求而难以就业，同时，用人单位因招聘不到合适的毕业生而存在职位空缺，高校毕业生就业难与用人单位的职位空缺同时并存，毕业生对就业不满意与用人单位对毕业生不满意同时并存，最终体现为毕业生的就业质量不高。

导致高校毕业生就业难、就业质量不高的原因有很多，其中毕业生的知识、能力与素质的结构和水平与岗位需求之间的差距和不协调，是最主要的原因。如何有效提高毕业生的就业能力以满足岗位需求成为学术界研究的重要课题，这就需要合理地界定

① ［基金项目］北京市教委重点项目、北京市哲社规划项目（SZ201211417030）；2013 年度北京联合大学校级教育教学研究与改革项目“北京联合大学学生就业能力测评及其培养模式改革研究”。

② 时勘、刘长江、张淑华、于文明：《大学生就业的影响因素及指导对策》，载《青年就业问题与对策研究报告》天津社会科学院出版社 2005 年版。

就业能力及其结构。国内外对大学生就业能力的内涵及其结构的研究较多，下面就对已有研究进行梳理和评析，希望能对进一步整合与完善大学生就业能力的内涵与结构，建立具有普适性和推广性的大学生就业能力结构提供思路。

一、关于大学生就业能力概念界定的研究

20 世纪初，英国首先出现了就业能力（Employability）的概念，它最初是针对具有劳动能力工人的可雇佣性进行定义的，当时的文献主要集中于研究如何解决一般失业者的就业问题，还未涉及大学生的就业问题（黄敬宝，2008）。[①] 20 世纪 90 年代以后，“就业能力”作为欧美劳动力市场政策分析的重要研究工具被广泛用于大学生就业问题的研究领域。

（一）国外关于大学生就业能力的界定

1. 国外关于就业能力的界定

国外关于就业能力的研究对象最初是残疾人和失业者，后来才慢慢扩展到包括大学生在内的劳动力市场的弱势群体。国外关于就业能力的研究被作为大学生就业能力研究的基础而一直为学者们学习和借鉴。

国外关于就业能力的界定可以分为一些国际组织的界定和学者的界定两方面。

（1）一些国际组织对就业能力的界定

国际劳工组织（ILO，2000）将就业能力定义为劳动者获得和保持职业机会，并在职业发展中取得提升以及应对职业变化的

---

① 黄敬宝：《就业能力与大学生就业——人力资本理论的视角》，经济管理出版社 2008 年版。

能力。[①] 英国教育与就业委员会（DFEE，2000）的定义与国际劳动组织的定义类似，也强调劳动者获得和保持工作的能力（阎大伟，2007）。[②] 加拿大会议委员会（CBC，The Conference Board of Canada）[③] 将就业能力定义为个体为满足雇主和客户不断变化的要求，从而实现自己在劳动市场的抱负和潜能而应具备的品质（qualities）和能力（competencies）。

（2）学者对大学生就业能力的界定

学者们也从不同角度对就业能力进行了界定，可以概括为两种观点：一是认为就业能力是一种适应能力。Sanders 和 Grip（2004）[④] 认为，就业能力是对工作任务和环境变化的预料和反应，一种使个体能够持续对劳动力市场产生吸引力的能力和意愿。Fugate（2004）[⑤] 认为这种适应能力让工人有能力去识别和意识到职业机会，能够让个人因素增值以有效地适应环境需求。Howard（1995）[⑥] 认为这种适应能力可以应对就业和工作模式的剧烈变化。

二是认为就业能力是个体在一个既定的劳动力市场上成功从事某种工作的潜力。例如，希拉吉（J. Hillage）和波拉德

---

① （美）帕特丽夏·威奈尔特，郭瑞卿译：《就业能力——从理论到实践》，中国劳动社会保障出版社2004年版。

② 阎大伟：《试论大学生就业能力的构成和要素》，载〈青海社会科学〉2007年第6期，第28—31页。

③ Harvey, Lee. Defining and Measuring Employability. Quality in Higher Education. 2001 (2), 7: 97 - 109.

④ Sanders, J., & Grip, A. D. Training, task flexibility and the employability of low - skilled workers. International Journal of Manpower, 2004, 25 (1), 73—89.

⑤ Mel Fugate, Angelo J. Kinicki and Blake E. Ashforth. Employability: A psycho - social construct, its dimensions, and applications, Journal of Vocational Behavior, 2004, 65: 14 ~ 15.

⑥ 贾利军：《大学生就业能力结构的研究》，南京师范大学博士论文2007年。

（E. Pollard）（1998）[①] 将就业能力定义为获得最初就业（gaining initial employment）、维持就业（maintaining employment）和必要时获取新的就业所需要的能力，认为就业能力是通过获得持续就业实现个人潜能的一种能力。哈韦（Harvey）（2001）[②] 认为就业能力是被雇佣者具有并在劳动力市场上展示的，雇主所需和被认为有吸引力的技能总和，这些技能应该是让雇佣者相信他们在将来的岗位中能有效工作的行为特征。Fugate，Kinicki 和 Ashforth（2004）[③] 提出就业能力是一个“心理—社会结构”，是个人确认和获得在组织内部和外部职业机会的能力，并将人力资本和社会资本纳入其中。

2. 国外关于大学生就业能力的界定

Harvey（2001）[④] 认为大学生就业能力是指毕业生能够获得就业机会以及在工作岗位取得成功的一系列能力的集合。英国提高学生就业能力合作组织（ESECT）认为就业能力是一组使个人能获得就业并胜任所选职业的能力，这种能力具体包括成就（包括学术成就、工作经验、职场经验）、理解力和个人特质（陈勇，2012）。[⑤] Andrew Rothwell（2008）[⑥] 等人提出大学生就业能力是

---

① Hillage J. and Pollard E. Employability：Developing a Framework for Policy Analysis［R］. London：Department for Education and Emploment，1998.

② Harvey，Lee. Defining and Measuring Employability. Quality in Higher Education. 2001（2），7：97－109.

③ Mel Fugate，Angelo J. Kinicki and Blake E. Ashforth. Employability：A psycho－social construct，its dimensions，and applications，Journal of Vocational Behavior，2004，65：14～15.

④ Harvey，Lee. Defining and Measuring Employability. Quality in Higher Education. 2001（2），7：97－109.

⑤ 陈勇：《大学生就业能力及其开发路径研究》，浙江大学博士论文 2012 年。

⑥ Andrew J. M. Enhancing student motivation and engagement：The effects of a multidimensional intervention［J］. Contemporary Educational Psychology，2008，33（2）：239－269.

指个体获得与其资格水平相称的持续的就业机会的能力。

（二）国内关于大学生就业能力的界定

国内关于就业能力的研究中多数是围绕大学生就业能力这一主题开展的。本文也主要对国内关于大学生就业能力的研究进行归纳总结。国内关于大学生就业能力的界定可以根据所处的视角不同划分为三类：

第一类是国内大部分学者都认同的，从实现就业的视角来界定就业能力，是指大学生发现、获得和保持工作的能力，该能力与其自身的综合素质密切相关。如郑晓明（2002）① 认为，大学生就业能力是指大学毕业生在校期间通过知识的学习和综合素质的开发而获得的能够实现就业理想、满足社会需求、在社会生活中实现自身价值的“本领”。谢志远（2005）② 认为大学生的就业能力是指大学生在校期间通过学习或实践而获得工作的能力，它包括保持工作以及晋升的能力。王晓红（2005）③ 认为就业能力主要是指影响和保证大学生正确择业、顺利就业的能力。

第二类是从雇主的视角以满足雇主需求为目的的就业能力的界定。这类中，有的学者沿用西方学者的概念，将其称为可雇佣性，如文少保（2005）④ 指出就业能力就是在以学习能力为基础上发展的与职业相关并嵌入在个体心理的一种综合能力。还有部分学者开始使用就业胜任力这一术语，将胜任力的理论运用于大

---

① 郑晓明：《“就业能力”论》载《中国青年政治学院学报》2002 年第 3 期，第 91 – 92 页。

② 谢志远：《关于培养大学生就业能力的思考》，载《教育发展研究》2005 年第 1 期，第 90 – 92 页。

③ 王晓红：《提高大学生的就业力》，载《群众》2005 年第 1 期，第 54 – 55 页。

④ 文少保：《基于人才强国战略的我国大学生就业能力开发策略研究》，载《现代大学教育》2006 年第 1 期，第 101 – 108 页。

学生的就业行为（乔志宏，2011）①。另外一些学者从心理学的角度将大学生就业能力定义为一种具有职业岗位普适性的心理特征，是大学生获取和胜任职业的心理行为条件（陶晓霞，2007）。② 黄敬宝（2008）③ 则从人力资本形成角度出发，将大学生就业能力界定为高校使在校大学生能够顺利转为现实人力资本后所具备的一种综合能力。

第三类是从大学生就业质量或者大学生就业满意度的视角来界定就业能力。陶爱祥（2005）④ 从大学生如何与职业环境相适应的角度出发，将大学生就业能力定义为大学生获取与其期望相符的职业、并适应职业需求进而胜任所选职业的能力。刘学林（2005）⑤ 将自主创业的能力加入到了就业能力中。马绍壮等（2012）⑥ 则从毕业生就业质量的角度，将高校毕业生的首次就业能力定义为从大学毕业进入社会，大学生通过自己努力，获得自己满意工作的能力。

通过对国内外相关研究文献的回顾发现：

（1）国内外研究者对就业能力的界定还未形成一致的看法，有的研究者认为就业能力是发现和获得就业的机会，有的研究者

---

① 乔志宏：《大学生就业能力的结构及其对就业结果的影响》，载《心理发展与教育》2011 年第 3 期，第 274 – 281 页。

② 陶晓霞：《大学生一般就业能力素质模型的构建》，载《江西师范大学》2007 年。

③ 黄敬宝：《就业能力与大学生就业——人力资本理论的视角》，经济管理出版社 2008 年版。

④ 陶爱祥：《大学生就业力培养途径探讨》，载《商业时代》2005 年第 5 期，第 24 – 25 页。

⑤ 刘学林：《大学生就业力现状及其提高》，载《职业时代》2005 第 14 期，第 18 – 20 页。

⑥ 马绍壮、朱益宏、张文红：《中国大学毕业生就业能力维度结构与测量》，载《人口与经济》2012 年第 4 期，第 34 – 42 页。

认为，就业能力是获得并保持工作机会，有的研究者更进一步指出，就业能力不仅是指获得和保持工作机会，而且还应该包括在工作中是否具有晋升的能力，有的研究者则认为就业能力是适应环境、职场变化与需求的能力。总之，学者们所处的角度不同，所定义的大学生就业能力也就有差异。

（2）国外的研究相对较早，为国内的研究奠定了研究基础，提供了丰富的研究经验与成果，并且国外关于就业能力的界定比较全面地反映了就业者应具备的发现、获得、保持和发展的能力，赋予了就业能力比较丰富的内涵。其中，国际劳工组织对就业能力的界定被社会各界所广泛接受。国外的多数研究是针对包括残疾人、失业者、大学生在内的劳动力市场的所有弱势群体的，且会受到不同国家社会、经济、文化环境的影响。因此，我们在借鉴国外研究时，应根据我国大学生就业的实际情况与需要，结合我国的具体国情来对大学生就业进行合理的界定。

（3）从上述国内外研究可知，随着社会实践的发展，就业能力概念的内涵在逐步扩展和丰富化。就业能力概念涉及的领域逐渐从就业者态度发展到个体在职业方面的知识和技能，并最终形成了包括态度、能力和环境条件等各方面的综合因素，并且有被继续扩大和综合的趋势。然而，针对大学生这个群体，要求并培养他们在走出校门、进入职场时具备全面的素质与能力固然好，但并不现实。过于全面和宽泛地界定大学生就业能力，容易导致在培养大学生就业能力时抓不住重点。当然，有的研究从某个学科的视角来进行界定，这样又会丢失一些大学生应具备的基本能力与素质。我们在界定大学生就业能力时，应在遵循基本理论的基础上，尽可能地符合现实的需要。结合当前高校毕业生就业的现实情况和供求结构性失衡的主要矛盾，大学生就业能力应集中于那些能够使大学生在毕业时获得自己满意工作，且同时满足岗位需求和职业发展的能力。

二、关于大学生就业能力构成的研究

（一）国外关于大学生就业能力构成的研究

就业能力构成的确定与就业能力的定义是密切相关的，不同的就业能力的界定，会有相应的不同的就业能力构成（Harvey，2001）①。

国外一些研究组织对大学生就业能力的构成进行了研究，形成了不同的就业能力构架，比较具有代表性的有：美国培训与开发协会（ASTD）、美国劳工部的就业技能调查委员会（Secretary's Commission on Achieving Necessary Skills，SCANS）、英国教育与就业部、加拿大会议委员会、澳大利亚教育研究委员会等组织的研究。国外的学者也对就业能力的构成进行了研究，有的是基于大学生个人能力角度的研究，有的则是基于就业结果视角的研究。本文将其中典型的研究成果进行了整理，具体见表1所示。

表1　国外关于大学生就业能力构成的典型研究成果

文献来源	大学生就业能力构成
美国培训与开发协会（ASTD）（1990）②	定义了5个类别和16项技能，分为5个类别：基本胜任力（阅读、写作、计算），沟通能力（说和听），适应能力（问题解决、创造性思考），自我发展技能（自尊、动力、目标设定和职业生涯规划），群体效果（人际技能、团队协作、协商能力），影响能力（理解组织文化、分享领导）。

① Harvey，Lee. Defining and Measuring Employability. Quality in Higher Education. 2001（2），7：97－109.

② Carnevale，A. P.，Gainer，L. J.，Meltzer. Workplace Basics：The Essential Skills Employers. Want. San Francisco：Jossey－Bass，1990.

续表

文献来源	大学生就业能力构成
美国劳工部(SCANS)(1991)①	定义了三大类别、五大能力、36 项具体技能，五大能力依赖于三大基础。三大类别是：基本技能、思考技能和个人品质。 五大能力是：①资源统筹能力（时间、金钱和物资与设施）；②人际交往能力（作为团队成员、教导他人技能、服务顾客、领导、协商、与多样化员工一起工作）；③信息获取及使用能力（获取和评估信息、组织和维持信息、阐述和沟通信息、运用计算机处理信息）；④系统处理能力（理解系统、监督和纠正绩效系统、改进或设计系统）⑤技术能力（选择技术、应用技术）。
Hillage and Pollard (1998)②	五要素结构："就业资产"由大学生的知识、技能和个人态度构成；"表现能力"指大学生在求职过程中表现其知识、技能和态度的能力；"规划能力"指职业生涯管理能力和战略能力；"环境"指个人背景和劳动力市场状况。
Lawetal (1998)③	定义了个人适应性、个体与市场的界面、职业认同三个维度结构。
Bennett N., Dunne, E. andCarre´, C. (1999)④	五维度结构：一是特定专业的知识；二是特定专业技能；三是职业意识；四是职业（实习）经历；五是通用能力。
Mel Fugate (2004)⑤	提出以个性为中心的心理—社会性建构（psycho - social construct）就业能力结构模型，包括职业生涯识别（career identity）、个人适应性（personal adaptability）、社会和人力资本（socialand human capital）3 个维度。

---

① U. S. Department of Labor. What Work Requires of Schools: A SCANS Report for America 2000 [R]. 1991.

② Hillage J. and Pollard E. Employability: Developing a Framework for Policy Analysis [R]. London: Department for Education and Emploment, 1998.

③ Law, K. S., Wong, C, &Mobley, W. H. Toward a taxonomy of multidimensional constructs [J]. Academy of Management Review, 1998, (23): 741 -755.

④ Bennett, N., Dunne, E. andCarre´, C., Patterns of core and generic skill provision in higher education [J]. Higher Education, 1999, 37, 71 -93.

⑤ Mel Fugate, Angelo J. Kinicki and Blake E. Ashforth. Employability: A psycho - social construct, its dimensions, and applications, Journal of Vocational Behavior, 2004, 65: 14 -15.

续表

文献来源	大学生就业能力构成
York and Knight (2004)①	USEM 模型：专业理解力、技能、自我效能感、元认知。
Dacre Pool & Sewell (2007)②	Career EDGE 模型：三大重要组成要素与五项基本能力之间的因果关系与互动。三大组成要素是：自我效能、自信、自尊。 五项基本能力是：一是专业知识、理解能力和技能；二是一般技能；三是情商；四是职业发展知识；五是社会工作的经历。
Ruth Bridgstock (2009)③	五要素模型：学生的个性和个人特征，特定的专业技能，通用能力，自我管理能力，职业开发能力。
英国教育与就业委员会（2009)④	定义了包括传统智力技能、核心或关键技能、个人特性和企业运营知识的四要素结构。
加拿大会议委员会（CBC）(2000)⑤	定义了包括基本技能（沟通、管理信息、运用数字、思考解决问题）、个人管理技能（展示、负责、适应性、持续学习、安全工作）和团队技能（与他人一起工作，参与项目任务）的三要素结构。
澳大利亚教育研究委员会（1992)⑥	MKC（Mayer Key Competencies）模型包括信息的收集和分析等 7 种关键能力。

① Yorke M., Knight P. T. Embedding Employability into the Curriculum. HigherEducation Academy, York, 2004: 4 - 5.

② Dacre Pool, L. & Sewell, P. The Key to Employability: Developing a practical model of graduate employability [J]. Education & Training, 2007, 49 (04), 277 - 289.

③ RuthBridgstock. The graduate attributes we' ve overlooked: enhancing graduate employability through career management skills [J]. Higher Education Research & Development, 2009, 28 (01), 31 - 44.

④ 阎大伟：《试论大学生就业能力的构成和要素》，载〈青海社会科学〉2007 年第 6 期，第 28 - 31 页。

⑤ Harvey, Lee. Defining and Measuring Employability. Quality in Higher Education. 2001 (2), 7: 97 - 109.

⑥ Department for Education. Science and Training for Australian Government [R]. Employability: From Framework to Practice, 2006.

（二）国内关于大学生就业能力构成的研究

国内学者也根据各自对大学生就业能力的界定，提出了不同的就业能力结构模型。

郑晓明（2002）[①] 认为，大学生的就业能力构建元素可分为个人的智力因素与非智力因素，即智商（IQ）与情商（EQ），或称智力资本与能力资本。智力因素是个体生存发展的“硬件”，非智力因素是个体生存与发展的“软件”，二者相辅相成缺一不可。在内容上，它包括学习能力、思想能力、实践能力、应聘能力和适应能力等。

曾湘泉（2004）[②] 在对雇主聘用高校毕业生满意度的调查中发现，雇主对就业能力各构成要素中最注重大学毕业生的专业知识和技能，随后是毕业生的敬业精神，持续学习的意愿，毕业生的沟通协调能力以及毕业生解决问题的能力。

汪怿（2005）[③] 认为，大学生就业能力就其构成来看，分为基础技能、个体管理技能和团队工作技能3个部分。其中，基础技能是个体就业和进一步发展必需的、具有基础性的能力，包括沟通能力、信息管理能力、数理运算能力、思考和解决问题能力等；个体管理技能指促进个体潜力发挥，有利于个体在就业过程中不断成长的技能、态度和行为，包括显示积极态度和行为的能力、负责任、适应变化、不断学习、安全工作等方面；团队工作技能包括和别人一道工作、积极参与项目小组等方面的能力。

---

① 郑晓明：《“就业能力”论》载《中国青年政治学院学报》2002年第3期，第91－92页。

② 曾湘泉：《变革中的就业环境与中国大学生就业》，载《经济研究》2004年第6期，第87－95页。

③ 汪怿：《就业能力：促进高校毕业生就业的重要方面》，载《教育发展研究》2005年第7期，第31－34页。

张丽华等（2005）① 通过自编的就业能力测评问卷，分析出大学生就业能力包含五个主要因素，分别是：思维能力，包括创新能力、纳新能力、信息处理能力、分析判断力、社会洞察力、解决问题能力和应变能力；社会适应能力，包括忍耐力、心理调试能力、抗挫力、抗压力和修饰力；自主能力，包括勤奋、计划能力、奉献精神和自学能力；社会实践能力，包括社交能力、沟通能力、合作能力和组织能力；应聘能力，包括竞争意识、推销能力、自信和表达能力。

谢志远（2005）② 认为大学生就业能力是保持工作以及晋升的能力，应包括基础性能力、专业性能力和差异性能力。就业能力的关键项目包括责任感、找工作和得到工作的技能、推理和问题解决能力、健康和安全习惯、个人特质等。

李颖、刘善仕、翁赛珠（2005）③ 调查了广东省四所高校的428 名应届本科毕业生，运用因子分析法得出大学生就业能力结构分为内在素质、处理工作能力、社交领导能力三个维度。

杨河清（2007）④ 通过对北京市用人单位对大学毕业生需求行为的调查，提出应该从专业知识和技能、外语水平、相关工作实践经验、学习能力、创新能力、团队合作能力、敬业精神 7 个因素评价大学生的就业能力。

---

① 张丽华、刘晟楠：《大学生就业能力结构及发展特点的实验研究》，载《航海教育研究》2005 年第 1 期，第 52 – 54 页。

② 谢志远：《关于培养大学生就业能力的思考》，载《教育发展研究》2005 年第 1 期，第 90 – 92 页。

③ 李颖、刘善仕、翁赛珠：《大学生就业能力对就业质量的影响》，载《高教探索》2005 年第 2 页，第 91 – 93 页。

④ 杨河清、韩飞雪：《关注用人单位对大学毕业生的需求行为—对北京市用人单位的调查》，载《中国人力资源开发》2008 年第 1 期，第 87 – 91 页。

贾利军（2007）[①] 认为应抛开“知识”和“技能”，而从心理学角度来界定就业能力及其结构，并将就业能力界定为是由三个子系统——社会兼容度、就业人格以及准职业形象组成的一个有机整体。

黄敬宝（2008）[②] 则从对大学生就业结果影响的角度提出大学生就业能力应从大学生综合素质、就业意愿和就业行为三个方面来反映。

宋国学（2008）[③] 先提出了大学生就业能力的五要素结构，即专业技能、沟通技能、个人属性、人际技能和团队技能。之后，他又将其中的团队技能换为学习能力，将学习能力看做一个重要的维度。

王培君（2010）[④] 通过研究，指出大学生就业能力可由道德力、求职力、从业力、分析力和胜任力5个因子予以表达。

王翡翡、王静波、曾秀兰（2011）[⑤] 通过对502名已就业大学生及其主管的配对问卷调查和分析，发现雇主视角下大学生就业能力由人际能力、个人品性、职业发展能力、通用技能、处理工作能力等五个维度构成。

王霆、曾湘泉、杨玉梅（2011）[⑥] 从用人单位需求角度构建

---

① 贾利军：《大学生就业能力结构的研究》，南京师范大学博士论文2007年。

② 黄敬宝：《就业能力与大学生就业——人力资本理论的视角》，经济管理出版社2008年版。

③ 宋国学：《基于可雇用性视角的大学生职业能力结构及其维度研究》，载《中国软科学》2008年第12期，第64-72页。

④ 王培君：《大学生就业能力结构模型研究》，载《黑龙江教育学院学报》2009年第11期，第35-39页。

⑤ 王翡翡、王静波、曾秀兰：《基于雇主视角的大学生就业能力结构维度探析》，载《广东青年干部学院学报》2011年第12期，第70-74页。

⑥ 王霆、曾湘泉、杨玉梅：《提升就业能力解决大学生结构性失业问题研究》，载《人口与经济》2011年第3期，第49-56页。

了包括知识、技能和态度三个维度的大学生就业能力模型。其中，知识包括非专业知识和专业知识；技能包括操作应用技能、理解交流技能、管理技能、自我控制技能、科学思维技能；态度包括职业素养、意志品质、个性特征。

马绍壮、朱益宏、张文红（2012）[①] 以 827 位应届毕业生为样本，通过探索性因子分析、验证性因子分析、相关性分析和多因变量方差分析，得出和验证了包括社会交往能力、个人展示能力和就业求职能力三个维度的大学生就业能力结构。

通过上述对国内外学者关于大学生就业能力构成研究可知，已有研究成果呈多样化，这为后续研究奠定了良好的研究基础，无论是就业能力结构模型的形式，还是内容，都值得学习和借鉴。

（1）归纳国内外已有研究，学者们主要围绕大学生成功就业所需要的知识、技能和个性品质等因素对就业能力结构进行分析，只是就业能力结构的具体形式与内容存在差异。第一，从就业能力结构构建的角度来看，有的是从人力资本的视角来构建，有的是从心理学的角度来设计，有的侧重于就业的结果，有的则侧重于职业的适应性。第二，从就业能力结构的具体内容来看，有的学者从专业知识、技能和个性品质等方面提出了较为全面的能力结构，有的侧重于对一般技能的分析和构建，有的直接提出一些核心要素，有的从学生心理特征的角度提出能力结构的具体内容，有的加入了人力资本和社会资本的要素，有的则强调了职业生涯规划意识与发展的重要性等。第三，从就业能力结构的形式来看，有的学者只提出了就业能力的基本框架；有的则不分能力层级，将就业能力的结构直接分解为几项重要的能力要素；有

---

① 马绍壮、朱益宏、张文红：《中国大学毕业生就业能力维度结构与测量》，载《人口与经济》2012 年第 4 期，第 34－42 页。

的则建立了就业能力的分层结构，形成具有二级、三级指标的指标体系；有的则在基本框架的基础上设置了很多具体的项目，如美国培训与开发协会、美国劳工部提出的能力构成。总之，已有研究中，有的就业能力结构内容比较丰富，涵盖了诸多方面的能力要素；有的则立足某个视角，集中体现某个或某些方面的能力要素。同时，我们也发现，大学生就业能力的构成越来越丰富，学者们给其赋予了更多的外延。

（2）导致就业能力结构至今没有统一的看法主要出于两方面的原因：首先，不同的研究者对就业能力的界定存在差异，自然就会得出不同的就业能力结构，这是导致研究结果不统一的最主要原因。其次，随着大学生整体素质、劳动力市场供求关系，以及宏观社会、经济、文化环境的变化，劳动力市场对大学生就业能力的要求也随之改变，相应的研究成果也会带有时代的特点，这是导致研究成果具有差异性的客观因素。

在国外，美国培训与开发协会、美国劳工部、Mel Fugate 的“心理—社会性”建构模型、York and Knight 的 USEM 模型、Dacre Pool & Sewell 的 Career EDGE 模型是相对比较具有影响力的结构模型。其中大多数模型更关注工作情境中个体的就业能力而非大学毕业生，两个对象本身在素质、条件等方面有很大差异，适合职场人的能力结构不能直接、完全地应用到大学生毕业生身上。同样地，学者们根据自己对就业能力的界定而提出的就业能力结构也是具有不同地域的社会、经济、文化色彩的，对于直接应用于我国大学生就业能力结构的建立也是具有一定局限性的。

国内已有研究主要是针对大学生这个群体展开的，有的是在借鉴国外研究经验与成果的基础上提出来的，有的是对国内用人单位、毕业生、高校教师等对象进行调查后得出的结果，并因研究的视角、侧重点，以及选择的样本等方面的不同而形成不同的就业能力结构，且各自都有自己成立的理由和可行性。至今，国内所形成的研究成果相对比较分散，我们无法判断哪个更加科学，这实际上为大学生就业能力的培养带来了一定的困扰。随着我国大学生就业问题的变迁和形势的变化，大学生就业能力结构也应该随之进行调整。

通过对国内外关于大学生就业能力内涵与结构的研究文献的梳理和分析，结合我国当前大学生就业中的主要问题和主要矛盾，我们认为，在界定我国大学生就业能力概念和构建能力结构时应重点考虑以下几个方面的问题。

第一，从我国大学生劳动力市场的现状以及我国高等教育的实践来说，建立相对统一的关于就业能力及其结构的认识是十分必要的，这将更有利于指导高等教育和大学生就业的实践。

第二，面对我国当前大学生劳动力市场的就业结构性失衡、就业质量不高的现实问题，从岗位胜任力的角度，以大学生就业结果、就业质量以及未来职业发展为考量来界定就业能力更具有现实意义。本文认为应将大学生就业能力界定为大学生获取职业、适应职业和取得未来职业发展的能力，这样既能反映就业的结果，也体现了职业的发展，既反映了当前的现实问题，又使就业能力具有普适性。

第三，重点从岗位需求的角度构建大学生就业能力结构，更有利于指导高等教育的实践和有效缓解高校毕业生就业的现实问题。我们可以借鉴岗位胜任力的理论，在了解岗位对大学生能力的实际需求的基础上，建立体现大学生适应岗位需求和胜任岗位的能力结构。

第四，从专业能力、通用技能、基本素养三个维度建立大学生就业能力的结构。如前所述，国内外关于大学生就业能力结构研究的成果虽然具有多样性，但都没有脱离知识、技能和个性品质的框架，且多数研究都强调了通用技能的重要性。为此，本文考虑将专业知识与专业技能合并称为专业能力，将通用技能从要素中分离出来，从而形成专业能力、通用技能、基本素养的三维结构，并在此基础上设计相对稳定的核心能力要素群，以便于推广应用。同时，还有随着大学生就业问题的变迁而进行调整的空间。

中小企业人力资源外包研究综述

李新娥

人力资源管理外包于20世纪90年代逐渐风行，并在欧美等发达国家逐渐成熟。近年来，我国人力资源市场不断向深度和广度发展，人力资源外包从传统的人事代理、派遣业务向纵深延伸，薪酬管理、培训、招聘、猎头、咨询等新的、附加值更高的外包业务不断出现，选择人力资源外包的企业数量也不断增加。通过人力资源管理外包，企业与外部合作者建立共赢的战略合作伙伴关系，从而达到降低成本、提高效率，获得整体竞争优势的目的。但由于员工、外包商、合同、安全保密、市场不成熟等原因，人力资源外包也存在着很大的风险。本文就近年来国内外人力资源外包的含义及种类、外包动因、外包风险问题的相关研究进行综述，为未来的研究指明方向。

一、人力资源外包的含义及分类

1990年，Gary Hamel和C. K. Prahalad在哈佛商业评论上发表题为《企业的核心能力》一文，首次提出了业务外包的概念，认为企业应当集中资源发展核心竞争力，对于一些非核心的业务应当选择外包的方式交给其他企业去完成。Lever（1997）把人力资源管理外包定义为：企业把某项人力资源职能交给外部服务商完成的行为；Davy（1998）认为人力资源管理外包是由外部供应商通过合同关系执行企业内部的人力资源管理职能；Cook（1999）

认为，人力资源外包是第三方服务商承担由企业内部有关部门进行的人力资源管理服务，第三方服务商和企业通过签订合约管理某项特定人力资源活动，提供合同中规定的服务并收取既定费用。国内学者赵曙明等（2004）认为，人力资源管理外包是企业将人力资源管理的部分或全部职能外包给实力更强的专业人力资源服务公司来经营，使管理者能集中精力致力于战略性人力资源管理活动之中，从而达到管理绩效最优的目的。邵彩梅等（2008）将人力资源管理外包定义为：企业策略性地利用外部资源，通过一定的交易媒介或交易形式，将一些原来由企业内部承担的人力资源业务或职能委派给承包商承担的行为。曲维鹏（2005）认为，企业为了战略发展的需要，将人力资源职能交由企业外部更专业、更高效的组织来完成，从而达到降低成本、提高效率、赢得竞争优势的人力资源战略管理的目的。因此，综合以上定义，可以看出，人力资源管理外包就是企业通过契约，委托第三方企业管理本由自己承担的全部或部分人力资源管理职能，并支付给受托方一定的费用的管理方式。

Arthur（1992）将中小企业人力资源管理外包分为交易型和战略型两种，他指出战略型人力资源管理外包需要外包供应商了解企业文化和企业面对的各种问题，而交易型人力资源管理外包则相反。Gainey（2000）进一步指出，交易型人力资源管理外包比较常规化，旨在帮助中小企业节省时间和成本。Klaas、Mcclendon（2001）将人力资源管理外包分为综合性活动（如人力资源规划、员工绩效评估等）、人力资本活动（如技能开发、员工培训）、交易性活动（如薪资支付、工资表）和人力资源获取活动（如人员招募、选聘）四类。国内学者田新华（2009）认为，人力资源外包不同于人力资源管理外包、人事代理和人才派遣，四者关系如图1所示：

综合以上分类，可以看出，企业人力资源外包的职能可以涵

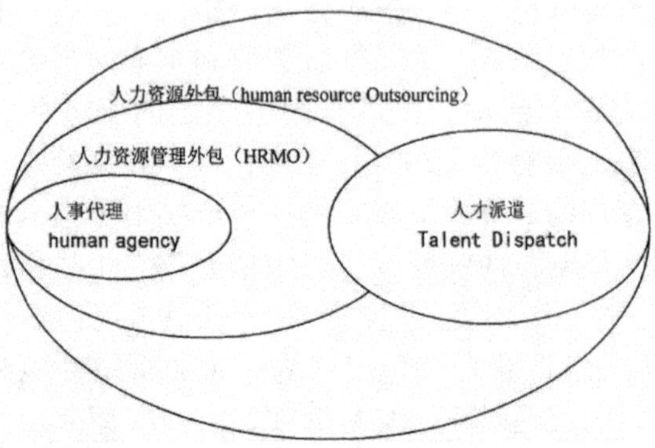

图 1　人力资源外包、人力资源管理外包、人事代理和人才派遣关系图

盖所有的人力资源管理业务，可以包括人力资源规划、制度设计与创新、流程整合、员工满意度调查、薪资调查及方案设计、培训、劳动仲裁、员工关系、企业文化设计等方方面面。一般而言，人力资源外包分为人力资源数据处理服务、人力资源咨询服务、人力资源业务流程外包、人才派遣服务。

二、中小企业人力资源外包的动因

国外人力资源管理外包主要是由大企业推动的，随后扩展到中小型企业。受到经济全球化和“业务归核化”思想的影响，企业逐渐集中于核心业务，将非核心业务剥离以应对日益激烈的市场竞争。从人力资源外包的理论基础方面探寻其动因，一般有以下几方面：社会分工理论、交易成本理论、核心竞争力理论和木桶原理。

社会分工理论认为，人力资源管理是管理的一项职能，是劳动分工的一种具体体现，在组织中由独立的部门和专门的人员负责执行。如果组织能够把组织内部一些专业化程度相对较低的人力资源管理职能交给社会上专业化程度较高的、专门的人力资源服务机构负责，无疑会提升组织人力资源管理的效率；根据科斯的交易费用理论，如果一桩交易的内部交易成本大于外部交易成本，则企业应该选择用市场来代替企业的方法（如外包等）来使交易成本更低，因此，当组织能够在市场上寻找到费用更低、管理效率更高的专业人力资源服务机构时，组织就应当把人力资源管理职能交给外部的专业人力资源服务商来负责，这样可以降低企业的管理成本，提高企业的效率。核心竞争力理论的代表人物普拉哈拉德和哈默认为企业必须善用资源，培养和发展企业的核心能力，包括注意资源积累和善于借用他人资源，保存资源和回收资源，因此，企业应当集中精力发展核心业务，外包非核心的人力资源管理活动，增强企业核心竞争力。借助于木桶理论，也可以很好地解释企业人力资源外包的动因，木桶理论又称长板理论，是指一只木桶的盛水容量的多少，取决于其最短木板的高度，因此，木桶的短板可以借用那些外部的长木板，将木桶的盛水量最大化。实施人力资源管理外包，就是将人力资源管理这个木桶根据管理职能先分解为几个部分，将企业不擅长或者事务性的人力资源管理活动外包给那些具有人力资源管理专业知识和技能的外包机构，以替代企业人力资源管理职能中的短板，最大程度提高企业人力资源管理职能的绩效。

从实践的角度分析中小企业人力资源外包的动因，主要有两方面：

一方面，中小企业由于受资金少、规模小、人力资源管理理念落后等因素的影响，发展壮大受到一定的制约，而这些不利因素也为中小企业采用人力资源管理外包的模式提供了驱动力。外包服务供应商可以以规模经济的方式低成本的提供各种人力资源管理服务，并提供高效率的人力资源专业知识。中小企业利用外包服务供应商的规模经济效益，减少赔偿金和福利成本，减少企业花费在人力资源上的时间，提高企业的人力资源效益。

另一方面，中小企业人力资源管理外包也是其分散风险，降低管理成本的一种策略。通过外包，让外部服务供应商参与企业价值链，实现企业与外部服务供应商共同承担风险，使得企业更具柔性和稳定性。一项调查显示，美国中小企业人力资源管理外包是企业人力资源管理外包的主力军，其中，500 人以下的企业人力资源外包的比例达到 80% 以上。可以看出，从实践的层面看，中小企业人力资源管理外包主要是从节省成本、分散风险、集中精力专注核心业务，以获取独特的竞争优势提高人力资源效益的动机出发。

三、中小企业人力资源外包风险及防范

尽管中西方学者对中小企业人力资源管理外包的支持观点仍占主流，但是，也有许多中小企业由于各种原因导致人力资源外包没有取得成功，这表明人力资源管理外包也存在不足和风险。

风险的产生源于现实世界的不确定性及人类对其认识的有限性，人类认识风险是因为风险通常与损失相联。Maris. G Martinsons（1993）认为，人力资源外包风险的主要表现在：外包商不能满足企业对人力资源的需求、忽略了企业内部改进的可能性和努力的必要性、可能带来外包费用过高。Quinn 和 Hilmer（1994）认为人力资源外包存在三种风险，即损失关键技能或开发了错误的技能、损失交叉技能、损失对供应商的控制。Quelin、Bertrand、Duhamel 和 Francois（2003）则认为人力资源外包存在两种风险：一是企业在外包过程中对外包商的过分依赖，管理层认为外包后企业就不用再过问这部分工作了，全部由外包商负责，很少进行沟通；二是外包商的工作效率及能力不能达到既定目

标，影响组织绩效的完成。Cook（2003）认为，实施人力资源管理外包可能会出现规划与分析不充分、雇员士气低落、可能失去对日常人力资源管理以及与雇员互动的控制、合同没有涵盖所有应当涵盖的问题及可能性等。Logistics Today（2004）提出了人力资源外包的风险可能包括外包战略风险、外包选择风险、外包执行风险及外包管理风险四个方面。Charles R. Greer 和 Abdul A. Rasheed（2004）分析了人力资源管理外包与组织绩效之间的关系，提出了将招募和培训工作外包可以有效提升组织绩效，同时也指出，在不同的公司这种关系模式所起的作用不同，人力资源外包存在变革减少、来自供应商的竞争、交易成本上升、管理费用分配和关税的风险。

近年来，国内很多学者对人力资源外包风险进行了探讨，并产生了丰富的研究成果。刘艳梅（2003）总结了人力资源管理外包的风险主要包括两方面：一是专业咨询公司的规范经营和专业化问题；二是信息安全问题。缪小明（2005）等提出，我国人力资源外包的风险主要包括员工流失风险、企业内部风险、信息不对称风险、企业信息泄露风险、文化冲突风险等。包炜（2006）认为人力资源外包的风险来源于外包商的选择、信息安全，以及外包与企业自身人力资源管理职能的关系风险等。楼莉萍（2007）认为除外包商选择风险、信息安全风险外，还存在外包成本估计错误和企业文化相容性风险。白艳莉（2007）认为人力资源外包存在六种风险，即外包商甄选失当、企业对外包商过度依赖、高额转换成本的风险、信息泄露、企业人力资源管理弱化和变革引发的冲突风险。张祥俊（2009）将人力资源外包风险分为原发性风险和继发性风险，前者是指只要实施人力资源外包就可能出现的潜在风险，即市场、交易和组织类风险，后者是指外包商不被信任后产生的合作危机风险。此外，笔者认为，人力资源外包的风险还可能是企业文化沟通的风险，法律法规监督保障不够健全的风险等，因此对企业人力资源外包风险的识别和管理是未来研究的方向。

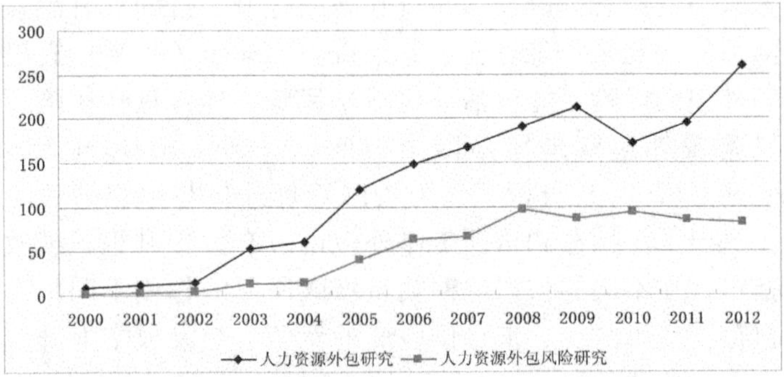

图 2　我国企业人力资源外包及人力资源外包风险研究趋势

四、未来研究趋势

人力资源外包在我国是一个新鲜事物，是企业人力资源管理的重大创新。图 2 是我国企业人力资源外包的文献研究变化趋势。可以看出，进入 21 世纪以来，关于企业人力资源外包的研究从无到有，逐年增多，从最初的理念引入逐步发展到企业实践，相关研究也由单纯的理论研究向更深层次的实证研究过渡。未来的研究趋势有以下几方面：

首先，已有的研究成果主要集中在人力资源管理外包的内涵、外包风险产生的原因、外包的优势与劣势等方面，且大多限于对人力资源外包的定性论述，基于定量化的研究较少。因此开展人力资源外包风险定量研究也是未来研究的发展趋势。

其次，对人力资源管理外包风险的研究还有待于深入，还需要在结合企业实践的基础上开展更为详尽的研究。

再次，对特定业务的人力资源外包的研究还有待深入开展，比如人才派遣，如何解决同工不同酬，实现劳务用工的激励问题是未来研究的重点。

参考文献

[1] Quinn, J. B. , Intelligent Enterprise: A Knowledge and Service Based Paradigm for Industry, [M] New york: Free Press, 1992.

[2] Lever. S. An analysis of managerial motivations behind outsourcing practices in human resources [J] . Human Resource Planning, 1997, Vol. 20, No, 2: 37 -47.

[3] Davy, J. A. Outsourcing human resource headaches. clevel and managing [J] . Office Technology, 1998, 43: 6 -8.

[4] 40 out sourcing risks you need to know now [J] . Logistics Today, 2004, 45 (10) : 24.

[5] Gilley, K. Matthe w, Greer, Charles R. Rasheed, Abdul A. Human resource outsourcing and organizational performance in manufacturing firms [J] . Journal of Business Research, 2004, 57 (3): 232 -240.

[6] 和云等：《通信企业人力资源外包风险分析》，载《生产力研究》2012 年第 7 期。

劳动争议恶意诉讼的风险及防范

刘　瑛

随着劳动合同法、调解仲裁法等法律的颁布实施，劳动法律体系的进一步完善，法律对企业的要求也逐渐地严格，部分企业的违法用工行为得以遏制。劳动者的权利保护环境也得以显著的改变。但是，与上述情况相对应，也出现了一些不和谐的情形，最明显的一个情形就是由于对自身利益的片面追求，劳动争议恶意诉讼的增多。恶意诉讼在我国仅仅是法理上的术语而不是法律术语。劳动争议恶意诉讼一般指当事人虚构主要法律事实或明知自己缺乏合法诉讼的诉讼理由仍然进行诉讼，以期获得非法利益或达到非法目的的行为。

一、劳动争议恶意诉讼的类型及成因

（一）当前劳动关系中的诚信危机导致恶意诉讼频发

诚实信用是包括民事诉讼在内的一切民事活动应遵循的基本原则。劳动合同法对用人单位侵犯劳动者权益的行为规定了高额的违法成本，但是也有极少数的劳动者利用法律的这些保护性规定进行恶意诉讼。如用人单位应在用工之日起一个月内与劳动者签订书面的劳动合同，否则，应向劳动者支付双倍工资。实践中，有的劳动者在用人单位要求其签订书面劳动合同时，以种种理由和手段拖延和拒签，离职后又以用人单位未与其签订劳动合同为由主张双倍工资。有些劳动者甚至隐匿、销毁甚至伪造关键证据，利用举证责任的分配优势恶意起诉。部分劳动者利用在职期间参与管理的便利，在离职时拿走用人单位留存的劳动合同文本或在空白纸张上私自加盖单位公章，之后起诉用人单位主张未签订劳动合同的两倍工资差额及加班工资、奖金等。笔者就曾经代理过这样的案件：某公司人力资源经理在职时保管公司的公章和企业留存的劳动合同。离职时拿走公司留存的劳动合同并伪造考勤记录，申请巨额的双倍工资和加班费。

用人单位管理行为不规范容易引发劳动者的道德风险。部分用人单位特别是尚处于起步阶段的小微企业以及创业中的中小企业往往缺乏成熟的人事管理经验，对于重要的人事资料及档案材料缺乏严格的、必要的管理，导致基础性管理档案缺失。根据劳动法及劳动合同法的相关规定，用人单位作为劳动关系中的管理方，应当就劳动者的入职时间、月工资标准、劳动合同签订情况及停止工作时间等负有举证责任。然而劳动合同、考勤记录、工资支付记录等管理性档案文件的不完整甚至缺失，使得用人单位在对上述问题进行举证时处于举证不利的地位，导致用人单位败诉。例如，某用人单位被劳动者起诉要求支付未签订劳动合同的双倍工资差额，单位抗辩认为双方签订过劳动合同，却无法拿出书面合同以证明该事实，尽管其又提供与其他劳动者签订的劳动合同，但在该案中显然不具证明作用，最后法院支持了劳动者的诉请。庭后，单位承认其确实在管理合同方面存在疏漏，部分劳动合同在单位搬迁时遗失。恶意诉讼的频发，凸显了当前劳动关系中的诚信危机。

（二）劳动争议成本的降低导致滥用诉权

随着调解仲裁法和人民法院诉讼收费办法的颁布实施，劳动争议的成本明显降低。目前劳动仲裁案件，当事人不需要缴纳任何费用就可以立案、审理。而劳动诉讼案件，法院也仅仅是在立案的时候象征性的收取十元的案件受理费。目前的收费机制，一方面可以减轻仲裁诉讼成本，为劳动者维权提供了便捷的仲裁、诉讼环境；另一方面也导致部分滥诉案件的增多。2008 年，北京市海淀区发生了“10 元诉讼费索赔 256 万亿美元”的劳动争议案件。该案从一个侧面反映出我国目前劳动争议诉讼收费的不合理可能导致“滥诉”现象的发生。

对于用人单位而言，法院案件受理费仅 10 元的诉讼成本几乎可以忽略不计，因此，即使明知必将败诉的情况下，有的用人单位仍然会在仲裁后提起诉讼，甚至在一审后继续提起上诉，并利用各种合法的手段拖延时间，其目的在于刻意为难劳动者，属典型的恶意诉讼。

二、劳动争议恶意诉讼的不良影响

恶意诉讼，当事人增加了不必要的人力、物力、财力的支出。用人单位的恶意诉讼会给部分劳动者精神和生活造成严重影响。有的劳动者因为通过合法渠道实现不了自己的合法利益，不惜采用极端手段，如跳楼、非法拘禁用人单位负责人，产生了严重的社会矛盾与恶劣影响。劳动者恶意诉讼也会给企业造成不必要的负面影响，扰乱了企业的正常用工程序。

恶意诉讼给仲裁、法院造成的审判压力是非常大的。劳动争议案件立案手续简单，但是案件审理比较复杂，需要花费仲裁审判人员非常大的精力。而且随着劳动争议案件的增多，恶意诉讼又进一步加重了审判资源严重不足的情形。恶意诉讼的行为不但侵害了对方当事人的合法权益，而且严重扰乱了正常的司法制度，挤占了宝贵的司法资源。恶意诉讼的出现，将非法目的通过诉讼合法化，将一些子虚乌有、编造的事实通过诉讼赋予国家强制力，严重损害了对方当事人的合法权益。如果劳动争议恶意诉讼没有合理地及时应对，容易让公众对国家司法机关的公正性产生质疑，最终引发劳动关系双方当事人对司法的不信任，动摇司法的权威。

三、应对劳动争议恶意诉讼的措施建议

对恶意诉讼进行规制是社会发展的必然结果。笔者认为，从以下几个方面着手，可以对劳动争议恶意诉讼起到一定的遏制作用：

（一）用人单位通过规范用工和科学管理以防范劳动者恶意诉讼

人力资源管理水平，完善内部规章制度。应进一步加强对人力资源管理部门的重视，首先用人单位应当正视和尊重法律、法规有关维护劳动者权益的相关条款，对于自身的用工制度对照法律进行自检自查，从而进一步合法、规范用工。二要增强自身管理水平，通过熟练理解和运用法律法规，学习成熟企业科学的管理模式，根据自身特点制定一整套的规章制度，从而使企业管理有据可循。三要增强证据意识和纠纷解决能力，从而维护自身合法权益。通过书面化、程序化的管理使企业管理的每一举措都留下证据印记，通过专项培训等手段提高企业人力资源管理人员驾驭法律、参与诉讼、化解纠纷的相关能力。日常管理中，用人单位尤其应当对劳动合同在签订、履行、终止、解除等各个环节予以高度重视，避免因处置不当而引发纠纷。同时加强对劳动合同的保管工作，可以设专人负责管理，并办理相应的备案手续。因此，企业应该配备专业的人力资源管理人员。专业的人力资源管理人员，可以熟悉相关法律规定，能够在企业的日常管理中，提供必要的建议，规避相应的法律风险。

（二）对目前的劳动争议诉讼收费制度进行相应的变革

目前的劳动争议收费数额非常低。极低的风险成本与一旦恶

意诉讼成功所获利益相比是微不足道的，这是引发劳动争议恶意诉讼的一个重要原因。对于劳动争议案件的受理费，笔者建议参照其诉请标的进行确定，在财产诉讼案件的基础上进行适当的减少。这样一来，劳动者的诉讼成本较低，基本上都可以负担，另一方面可以对恶意诉讼起到一定的限制作用。

（三）*在司法实践中处理劳动争议案件应贯彻“双保护原则”*

在司法实践中处理劳动争议案件应贯彻“双保护原则”，既要依法保护劳动者的合法权益，也应该注意维护用人单位的合法权益，坚持社会公平秩序基础上的劳资利益平衡。不能为了避免劳动者的上访、信访，法院在实体处理上做过度向劳动者倾斜的判决。要坚持保障用人单位的生存发展环境，避免对用人单位竭泽而渔、杀鸡取卵，从而为更好地实现劳动者的合法权益提供有力的物质保障。

（四）*建立起适当的惩罚机制*

让恶意的诉讼参加者能预知其实施非法行为的严重后果，方能最大限度地遏制恶意诉讼。2013 年 1 月 1 日起开始施行的新民事诉讼法增加规定当事人行使权利应当遵循诚实信用原则，并且规定：当事人之间恶意串通，企图通过诉讼、调解等方式侵害他人合法权益的，人民法院应当驳回其请求，并根据情节轻重予以罚款、拘留；构成犯罪的，依法追究刑事责任。新民事诉讼法引入刑责加大处罚力度，旨在以违法成本的提高对恶意诉讼进行有效规制。可惜的是，新民事诉讼法仅规制了当事人之间恶意串通，通过诉讼等方式侵害他人合法权益，而劳动争议恶意诉讼中往往是一方当事人利用恶意诉讼侵害另一方当事人的权利。新民事诉讼法难以对劳动争议恶意诉讼起到遏制作用。

我国对劳动争议恶意诉讼缺乏有力的惩罚措施，助长了恶意诉讼的蔓延。因此有必要在民事实体法中规定恶意诉讼作为侵权的一种类型。对于恶意诉讼的行为，原告出于非法占有他人财产的故意提起民事诉讼，被害人要被迫应诉，消耗大量的人力、物力、财力且面临财产被剥夺的风险，因此被害人有权对恶意诉讼行为提起侵权损害赔偿。物质赔偿的范围至少应当包括以下内容：差旅费、误工费、律师费、用于诉讼的通信通讯费、鉴定费，错误进行财产保全的，赔偿被申请人因财产保全遭受的损失。对于情节恶劣，造成严重后果的恶意诉讼人，可考虑追究其刑事责任，比如扩大伪证罪的适用范围，使发生在民事诉讼中某些严重的恶意诉讼行为能够依伪证罪进行刑事追究或者在我国刑法中增设民事伪证罪，专门规制特定的恶意诉讼行为。许多国家对恶意诉讼行为进行了严厉惩处，采取罚金的形式对恶意诉讼人加以规制是许多国家和地区通行的做法。西班牙就对恶意诉讼规定了较重的刑事处罚。该国《刑法典》规定："对民事案件提供虚假证据，应处以长期监禁，并课以西币 5000 元至 50000 之罚金。"日本新《民事诉讼法典》第 382 条规定："在根据前条第一款规定驳回上诉的情况下，认为上诉人提起上诉，仅只以拖延事实的终结为目的时，上诉法院可以命其缴纳作为提起上诉手续费而缴纳金额的 10 倍以下罚金"。我国的台湾地区也采取罚金的形式对恶意诉讼人加以规制。

（五）构建社会诚信体系

诚信体系的建立能更有力地从思想源头解决恶意诉讼的问题。目前我国还没有构建起完整的诚实信用体系。目前可以首先建立用人单位诚信度公开制度。工会组织或有关政府部门可以对用人单位劳动争议诉讼进行跟踪，将有恶意诉讼情况的用人单位披露出来，在报纸、电视、广播等媒体公开，既能让劳动者在进入用人单位前对其诚信度有所了解，也能让用人单位有所顾忌。将来条件成熟可以建立劳动者诚信查询制度。

参考文献

[1] 冯影琳：《恶意诉讼问题之探究》，载《西南政法大学》2011 年。

[2] 周艳波：《规制恶意诉讼，构建正当程序》，载《广西政法管理干部学院学报》2009 年第 1 期。

[3] 高志刚：《民事恶意诉讼的规制和风险防范》，载《法制论丛》2008 年第 5 期。

[4] 殷峻：《浅析恶意诉讼的法律规制》，载《法制与经济》2012 年第 6 期。

[5] 李小军：《劳动争议中用人单位恶意诉讼的防治》，载《哈尔滨学院学报》2012 年第 4 期。

劳务派遣制度的反思与完善

——从2012年《劳动合同法修正案》看劳务派遣规制的路径选择①

刘慧勇

劳务派遣，又称“劳动力派遣”、“人才派遣”，在国外又称为员工租赁（Staff Leasing）、雇员租赁（Employee Leasing）等，通常是指由派遣单位与被派遣劳动者签订劳动合同，然后向用工单位派出该员工，使其在用工单位的工作场所内劳动，接受用工单位的指挥和监督，以完成劳动力和生产资料结合的一种特殊用工方式。作为一种特殊的人力资源配置方式和社会资源组织形式，理论界和实务界关于劳务派遣的存废以及应否和如何规制的探讨、争论由来已久，因此劳务派遣也成为劳动立法领域最具争议性的一个问题。本文无意就劳务派遣的存废等根本性问题进行争辩，只想立足现实和我国的立法实际，从劳务派遣规制的理念和一些基本认识入手，探求规制劳务派遣的根本性解决路径，以对完善我国劳务派遣立法和相关政策提供借鉴。

① ［基金项目］本文为北京联合大学生物化学工程学院科研项目“和谐劳动关系目标下劳务派遣制度的反思与完善研究”（shky201210）成果之一。

一、劳务派遣规制的理念

劳务派遣在我国虽然历史不长，但发展迅速，劳务派遣机构不断增多，派遣员工数量快速增长。2008 年 1 月 1 日生效的《劳动合同法》，专设一节共 11 条对劳务派遣进行了规范，首次用立法形式承认了实践中存在的这种特殊用工形式。针对实践中大量存在的劳务派遣的不规范用工，《劳动合同法》在立法指导理念上本着“从紧从严”的原则严格规制了劳务派遣。部分学者曾经推测，劳务派遣制度休矣。但实际情况是，各地的劳务派遣用工方兴未艾，反呈蓬勃发展之趋势。据全国人大法工委官员透露，仅在《劳动合同法》实施的 2008 年，全国劳务派遣的用工数量由 2000 万人猛增至 2700 万人。这完全出乎立法者意料，也是非常值得深思和玩味的一种现象。

劳务派遣的存废在《劳动合同法》立法期间，国内各界学者进行过激烈的争论。人们主张禁止或限制劳务派遣的主要依据在于其产生的负效应，尤其是其中涉及的派遣员工平等合法的利益保护问题，这在《劳动合同法》颁布前以及生效以后直至今天，在我国劳动力市场的实践中依然是一个无法回避的现实问题。2008 年 12 月 25 日第十一届全国人大常务委员会第六次会议上，全国人大常委会副委员长华建敏所作的《全国人大常务委员会执法检查组关于检查〈中华人民共和国劳动合同法〉实施情况的报告》中特别指出，“劳动合同法贯彻实施中还存在一些需要认真解决的问题”，“劳务派遣用工中不规范的问题亟待研究解决”，“建议人力资源和社会保障部会同国务院国资委、全国总工会等单位，继续加强对劳务派遣用工制度的研究，提出既充分发挥其积极作用，又避免用人单位借以规避法定职责，损害被派遣人员权益的具体办法”。

笔者认为，劳务派遣由于其灵活性和便利性受到企业的特别推崇和优先选择，其实是企业趋利避害的正常体现，是一种市场选择。面对实践中有人提出的“法律究竟是支持企业使用劳务派遣还是反对企业使用劳务派遣”的困惑，我国立法应该对其采取一种积极明确的态度。劳务派遣形成的关系虽然复杂，但正像有时候人们所说的“用简单的办法处理复杂的问题可能是最有效的办法”，解决劳务派遣的不规范问题，其实只要坚持两条基本原则，同时正确处理好两者的关系，接下来以这两条基本原则及其关系为衡量标准和指导，处理劳务派遣实践中遇到的各种问题、矛盾和争议。通过这样的模式去认识和解决问题，一切矛盾就有可能迎刃而解。规制劳务派遣应该始终坚持的两条基本原则，那就是：第一，维护派遣劳动者的平等合法权益；第二，发挥劳务派遣的积极作用。坚持第一条原则，就是要坚决维护派遣劳动者在派遣劳动过程中应该享有的合法权益，守住劳动者权利的底线；坚持第二条原则，就是要求不刻意打压或限制劳务派遣的发展，立法不宜过度做出限制性规定，承认劳务派遣的积极意义。至于两条原则的关系，既辩证统一，又在特定情况下有所侧重。所谓“辩证统一”，是指如果派遣劳动者的权益得到维护，劳务派遣才能获得长期持久发展的基础，其积极作用才能更加得到体现；如果劳务派遣的积极作用得以充分发挥，如组织就业、灵活用工等，那么最终不光企业受益，派遣劳动者也有可能增加就业机会和工作经验，获得收入保障，因此也是受益主体，这样企业和劳动者可以双赢。所谓“特定情况下有所侧重”，是指如果“发挥劳务派遣的积极作用”和“维护派遣劳动者的平等合法权益”在特殊情况下发生冲突，则应该把“维护派遣劳动者的平等合法权益”放在首位。就像强调扶持企业发展不能以牺牲企业劳动者利益为代价一样的道理，因为发挥劳务派遣的积极作用，根本目的还在于增强经济活力，促进企业发展，最终还是为了提高劳动者和全社会的福利。

二、2012 年《劳动合同法修正案》评析

为了解决《劳动合同法》实施后，现实中劳务派遣面临的突出问题，2012 年 12 月 28 日全国人大常委会通过了《关于修改〈中华人民共和国劳动合同法〉的决定》（以下简称《劳动合同法修正案》），该决定已于 2013 年 7 月 1 日起施行。这次修法唯一针对的就是劳务派遣，主要从设立经营劳务派遣业务行政许可、明确界定"三性"工作岗位范围、严格控制劳务派遣用工数量、落实被派遣劳动者同工同酬权利和加重违法行为法律责任等方面对劳务派遣作出了新的法律规定。面对颇受争议期待"大修"的法律，只稍稍针对劳务派遣一个领域的部分漏洞打了些"补丁"，虽然离人们的期待有很大差距，但毕竟体现了立法者的关注，实现了修法的承诺。

新通过的《劳动合同法修正案》，其实只有 4 个具有实质性内容的具体条款和 1 个过渡条款。有些条款不得要领，没有抓住要害，因此不可能根本解决问题。有的也算抓住了劳务派遣规制的重点（例如落实"同工同酬"原则），但还是规定得不够明确，漏洞补得不够彻底，有意或者无意留下了可以钻空的"口子"。下面，仅就《劳动合同法修正案》存在的主要问题，略作分析。

（一）落实同工同酬条款不清晰、不彻底、不具体

虽然我国《劳动法》第 46 条、《劳动合同法》第 63 条均明确了"同工同酬"原则，但对于广大被派遣劳动者而言，现实中上述法律确确实实被束之高阁。全国人大两次对《劳动合同法》的执法检查，结果都突出反映了这个问题，因此落实同工同酬成为劳动合同法修改的一个重点。

新通过的《劳动合同法修正案》重申了被派遣劳动者享有与

用工单位的劳动者同工同酬的权利，并且明确了用工单位应当对被派遣劳动者与本单位同类岗位的劳动者实行相同的劳动报酬分配办法。劳务派遣单位与被派遣劳动者订立的劳动合同和与用工单位订立的劳务派遣协议，应当符合“同工同酬”原则。新法的规定虽较《劳动合同法》更加具体、进了一步，并且被认为是此次《劳动合同法修正案》的一大亮点，但仍然存在以下问题：

1. 没有界定“同工”、“劳动报酬”等关键概念的内涵和外延

根据原劳动部1994年颁发的《关于〈劳动法〉若干条文的说明》（劳办发［1994］289号）的解释，“同工同酬”是指用人单位对于从事相同工作，付出等量劳动且取得相同劳动业绩的劳动者，支付同等的劳动报酬。这一解释并非立法定义，且也未明确“相同工作”、“劳动报酬”的具体含义。

首先，对于“同工”，根据现行立法及法律解释，结合现代人力资源管理的相关理论，主要强调的是“同样的岗位”和“同等的业绩”，那么“同工同酬”可以理解为：“同样的工作岗位适用同样的报酬标准（即劳动报酬分配办法）、同样的工作业绩获得同等的工作报酬”。“同工同酬”不能简单地理解为“做同样的工作拿一样的钱”，强调“同工同酬”，主要是为了实现劳动者的“权利公平、规则公平和机会公平”，不得对劳动者进行“身份”歧视。

其次，科学清晰地界定“劳动报酬”的外延，是真正落实“同工同酬”的前提。对于“劳动报酬”，是只针对工资待遇，还是指企业给劳动者所有劳动报酬，包括福利、社会保险费用等。根据最高人民法院《关于审理拒不支付劳动报酬刑事案件适用法律若干问题的解释》（2013年1月14日最高人民法院审判委员会第1567次会议通过）第1条：“劳动者依照《中华人民共和国劳动法》和《中华人民共和国劳动合同法》等法律的规定应得的劳

动报酬，包括工资、奖金、津贴、补贴、延长工作时间的工资报酬及特殊情况下支付的工资等”，这一解释基本上和《关于工资总额组成的规定》（1989 年 9 月 30 日国务院批准 1990 年 1 月 1 日国家统计局令第 1 号发布）中对工资总额的界定相吻合。由此看出，我国立法中对“劳动报酬”的解释强调“与工作相关的货币工资”，应该不包括对职工实际待遇影响较大的福利、社保等，因此仅规定“同工同酬”，实际上并没有彻底解决被派遣劳动者的平等待遇问题。全国人大常委会审议劳动合同法修正草案时，有人大委员提出将劳动合同法修正案中“被派遣劳动者享受与用工单位的劳动者同工同酬的权利”，修改为“被派遣劳动者享受与用工单位的劳动者同工同酬同待遇的权利”①。这种主张不无道理。目前、天津、上海等地的地方性规定在这个问题上已经走在了前列。②

2. “同工同酬”以外还需要“同工同权”

劳务派遣的实质归根结底就是一个身份问题，是被派遣劳动者被歧视和遭受的不公正待遇问题，实现同工同酬只是派遣制员工最基础的需求，特别对于一些新生代的职工来说，职业身份和劳动价值的认可更为重要。因此，解决劳务派遣的根本不仅需要“同工同酬”，“同工同酬”以外还需要“同工同权”，这里的“权”包括休息休假、晋升、培训、参与管理及职业发展等各个

---

① 王姝：《委员建议劳务派遣“同工同酬同待遇”》，载《新京报》2012 年 12 月 26 日 A07 版。

② 根据 2011 年出台的《天津市劳务派遣管理办法》，从事同种工作的被派遣劳动者与非派遣劳动者实行同工同酬同险，即适用相同的工资，享受相同的福利，实行相同的保险制度；上海 2011 年《关于规范本市劳务派遣用工的指导意见》要求“要积极推动劳务派遣员工参与用工单位的集体协商，将劳务派遣员工的工资收入纳入用工单位工资集体协商范围，对劳务派遣员工建立正常的工资调整机制。有条件的用工单位要将劳务派遣员工的福利待遇纳入集体协商内容，逐步改善劳务派遣员工的福利待遇。”

方面。如果法律修改不能做到让派遣制员工在身份上、在最后的权利上，跟非劳务派遣的员工是一致的，无论怎么修改，都不可能从根本上解决劳务派遣的实质问题。

（二）“三性”界定中“辅助性”、“替代性”仍然模糊

劳务派遣的“三性”即劳务派遣岗位的适用范围，一直是劳务派遣规制过程中争论最多的一个焦点问题。现行法律对劳务派遣“三性”规定的模糊性，被视为实践中劳务派遣被滥用、劳务派遣过度“繁荣”的重要原因之一。因此，明确界定“三性”工作岗位范围，克服立法的不确定性成为治理劳务派遣被滥用的一个路径，同时也成为本次《劳动合同法修正案》一个指导思想。

《劳动合同法修正案》明确指出劳务派遣用工是补充形式，只能在临时性、辅助性或者替代性的工作岗位上实施。明确了“临时性、辅助性、替代性”的含义，即临时性工作岗位是指存续时间不超过6个月的岗位；辅助性工作岗位是指为主营业务岗位提供服务的非主营业务岗位；替代性工作岗位是指用工单位的劳动者因脱产学习、休假等原因无法工作的一定期间内，可以由其他劳动者替代工作的岗位。

立法的细化一定程度上有利于劳务派遣不分行业、不分岗位、不限时间的泛滥使用。“临时性界定为工作岗位存续时间不超过6个月”是比较清晰、可操作的，但辅助性岗位和替代性岗位，却难以准确界定，容易被钻空子，实践操作起来存在困难。在如今企业日益灵活、多元化经营的背景下，企业营业执照甚至不用登记经营范围的时下，如何确定企业的“主营业务”？对国家机关、事业单位等非企业用人单位，“非主营业务岗位”如何理解？各单位的领导等管理岗位是否属于“非主营业务岗位”？这些问题仍有待明确。“替代性工作岗位”中的“因脱产学习、休假等原因”中的“等”增加了法律的不确定性，“一定期间内”具体是指多长时间？这些模糊表述使明确“三性”含义的修

法意图大打折扣，实践中，超范围滥用劳务派遣仍然有空可钻。加之，根据立法者的解释，只要具备“三性”中的“一性”就可以使用劳务派遣。因此，劳务派遣的“三性”即劳务派遣岗位的适用范围实际上还留下很大的弹性空间。

其实，《劳动合同法》立法最初，立法者对劳务派遣的“三性”就认识不足，对“三性”的内涵及其相互关系缺乏充分的基础研究。[①] 劳务派遣用工形式的本意，就是满足用工单位临时或短期的用工需求。“临时性”尚且符合其本质，“辅助性”岗位不一定属于“临时或短期”，“替代性”貌似“临时或短期”，但缺乏具体时间标准。因此用“三性”来界定劳务派遣岗位的适用范围缺乏充分、科学的理论和逻辑依据。要限制劳务派遣岗位的适用范围，不如参照日本相关法律对劳务派遣的表述方式，把所有不可以劳务派遣的岗位列举出来，并且明确规定哪些岗位属于临时性、辅助性、可替代性，这样规定比采用模糊的“三性”来界定更加明确，更有操作性。

（三）对劳务派遣用工数量的控制比例难于确定，不易操作

《劳动合同法修正案》为弥补劳务派遣“三性”限制的不足，防止滥用劳务派遣，保证企业的绝大多数职工是劳动合同制职工，还特别规定对劳务派遣用工数量实行比例控制。规定“用工单位应当严格控制劳务派遣用工数量，不得超过其用工总量的一定比例，具体比例由国务院劳动行政部门规定。”法律的指导思想是明确的，严格执行对规制劳务派遣的滥用也会起到积极的作用，但问题的关键是这个“具体比例”如何确定？因为该比例制定得是否科学、公平，将会是总量控制措施能否真正落实、起到

---

① 据参与立法的全国人大常委会法工委官员在一次公开场合介绍，《劳动合同法》中的“三性”表述实际上是从国外借鉴而来的，立法最初，立法者并没有系统研究其内涵，考虑其科学性。

实效的关键。目前国内现实是：在不同行业，用工数量是不同的，不同地区数量也不同，全国岗位众多、行业地区各异，要制定一个统一的比例，实行“一刀切”显然不行，但要针对各岗位、行业、地区的现实制定不同的比例，又是很难做的事情，工作难度可想而知。据人力资源和社会保障部有关人士称“将组织专家学者对此问题进行专门研究，广泛听取各方面的意见，力争达成共识”①，愿望是好的，要实现确实不易。而且这也不是控制劳务派遣用工的一种根本途径和办法。

也许是考虑到了现实情况的复杂性，选择了“知难而退”，《劳动合同法修正案》在“过渡”条款中对新法公布前已依法订立的劳动合同和劳务派遣协议，仅仅要求对其不符合新法关于按照同工同酬原则实行相同的劳动报酬分配办法规定的，应进行调整。而放弃了《劳动合同法修正案（草案)》中要求的“全面调整”②。放弃了对现实中严重的超“三性”范围使用劳务派遣的调整，转而采用“责令限期改正”的办法循序渐进地减少超“三性”范围使用劳务派遣的数量，可以避免新法引起的劳务派遣用工转型对劳动关系的剧烈动荡，《劳动合同法修正案》此举确属明智之举。

---

① 《人力资源和社会保障部劳动关系司有关负责同志就贯彻实施新修订的劳动合同法严格规范劳务派遣有关问题答记者问》，发布日期：2013 年 1 月 28 日，参见人力资源和社会保障部网站 http://www.mohrss.gov.cn/page.do?pa=8a81f3f133c46baa0133ce481833077d（2013 年 1 月 30 日最后访问）。

② 先前公布的《劳动合同法修正案（草案)》规定：“本修正案开始施行时用工单位正在使用被派遣劳动者的，用工单位、劳务派遣单位应当根据本修正案进行调整”，而最终的《劳动合同法修正案》转而规定：“本决定公布前已依法订立的劳动合同和劳务派遣协议继续履行至期限届满，但是劳动合同和劳务派遣协议的内容不符合本决定关于按照同工同酬原则实行相同的劳动报酬分配办法规定的，应当依照本决定进行调整”。可见，前一个调整是全面的调整，包括同工同酬、“三性”岗位范围等，而后一个调整是部分调整，即仅就同工同酬的调整。

(四) 劳务派遣设立行政许可并提高进入门槛，增加风险，作用存疑

现行劳动合同法规定，劳务派遣单位应当依照公司法的规定，注册资本不得少于50万元。立法部门认为，由于劳务派遣单位准入门槛低，承担责任能力差，被派遣劳动者的合法权益受到侵害后，很难获得有效赔偿。而且对劳务派遣采取准则主义的设立原则和低门槛，也是造成实践中劳务派遣机构过度泛滥、良莠不齐的一个重要原因。基于此，《劳动合同法修正案》将设立劳务派遣单位的注册资本提高到了200万元，并且设置了行政许可，使经营劳务派遣从原来的准则主义变为核准主义，试图从源头上对劳务派遣单位的市场准入进行把关。

劳务派遣应否设立行政许可，争论由来已久。这次修法劳务派遣设立回到行政许可，也是对现实的无奈之举，立法机构的"良苦用心"可以理解，但单纯提高进入门槛不一定会减少现实中劳务派遣机构的数量。毕竟注册资金不是担保金，起不到担保作用，而且注册资本障碍在现实中也能轻易绕过。更为关键的是管制难免会带来寻租、腐败等种种成本，增加执法的风险。劳务派遣本质上是一种市场行为，通过设置行政许可来管制市场行为，不一定会起到好作用。而且，搞行政许可虽然提高了入行门槛，但同时也可能把更多本来可以参与良性竞争的公司挡在门外，很可能造成某几家大型劳务派遣公司垄断市场的情形，这更不利于劳动者争取自身权益。联系到我国目前的现实，实践中很大一部分劳务派遣公司与当地人力资源和社会保障部门有着千丝万缕的联系，这种担心显然不是杞人忧天。

三、劳务派遣规制的路径选择

劳务派遣过度"繁荣"发展的背后，是企业为了降低用人成

本，追求用工的灵活性。要想使劳务派遣回归理性渠道，必须着眼于以下两个方面：第一，着力改变劳务派遣用工比直接用工成本低的状况，适当抬高劳务派遣用工的成本。严格贯彻同工同酬原则是一个可选路径，还包括完善税收、社保等体制。第二，着力改变标准劳动关系中刚性有余弹性不足的状况，适当增加用工弹性。可选路径就是进行国企机关事业单位用工制度改革，改革过于刚性的用工体制，建立人员能进能出、岗位能上能下的劳动力资源市场配置机制和人力资源管理机制。离开以上两个方面，任何诸如提高门槛、增加惩罚、限制数量和范围等措施，都是治标不治本。

总之，作为人力资源配置的一种特殊形式，劳务派遣更倾向是一种市场选择。从市场经济角度看，企业是采用直接与劳动者订立劳动合同的方式获得劳动力资源，还是通过劳务派遣的方式获得劳动力资源，这是一个市场的选择问题，应该由市场主体即企业选择决定，法律不应该越俎代庖。法律应该关注的是，劳务派遣作为一个新型用工方式，是否会给劳动法律规定的劳动者的基本权利带来冲击，是否可能沦为企业规避劳动法规定的雇主责任的手段。因此，守住保障被派遣劳动者的劳动权利这一底线，这才是法律应该做的。

参考文献

[1] 华建敏，在第十一届全国人大会常委会第六次会议上全国人大常委会执法检查组关于检查中华人民共和国劳动合同法实施情况的报告，2008 年。

[2] 周国良：《关于劳务派遣同工同酬与三性认定问题的思考》，载《中国劳动》2012 年第 6 期。

[3] 林嘉：《提高“门槛”切实规范劳务派遣市场》，载《工人日报》2013 年 1 月 9 日。

[4] 全国人大常委会办公厅 2012 年 12 月 28 日新闻发布会文字直播，中国人大网 http：//www. npc. gov. cn/npc/zhibo/zzzb25/node_ 9654. htm

国外对私营就业服务机构的监管

刘　霞

自20世纪60年代以来，西方国家私营就业服务及其从业机构蓬勃发展。私营就业服务机构的发展，对促进人力资源的合理配置、沟通人力资源供需双方、扩大就业规模起到了非常积极的作用。长期以来，有关国家，包括国际组织在对私营就业服务业及其从业机构的监管方面积累了丰富的经验，值得我们参考借鉴。

一、国际劳工组织对私营就业服务业及其从业机构的原则规定

国际劳工组织成立初期，它对私营就业服务业采取了限制甚至禁止的态度。但由于市场自身的发展以及人力资源供需双方的需要，私营就业服务作为一个行业一直存在并逐渐发展。20世纪60年代以后私营职业介绍行业及私营职业介绍所有了较大发展。这阶段虽然私营职业介绍所与公共就业机构相比始终处于次要地位，但其对完善和补充人力资源市场功能，促进其发展壮大起到了非常积极的作用。如何利用私营职业介绍机构发挥的积极作用，促进人力资源市场顺利发展，又加强对其的监督管理，保护求职者的利益，成为国际劳工组织的一个重要议题。经过长期酝酿，劳工组织决定为私营职业介绍所正名。1994年第81届国际劳工大会提出应着手修订第96号公约，1997年第85届国际劳工

大会完成了修订工作，通过了《1997 年私营就业机构公约》（第 181 号），该公约集中体现了国际劳工组织对私营就业服务机构的态度和原则。

（1）181 号公约关于私营就业服务机构的定义。181 号公约规定，“私营职业介绍机构”指提供一项或多项劳动力市场服务的自然人或法人，他独立于公共当局。这些服务包括提供就业的供求服务，雇佣工人的服务，以及其他同求职有关的服务，如提供信息等。

（2）制定 181 号公约的目的，是使私营职业介绍所根据其条款框架运作，并且要保护求职者。私营职业介绍所的法律地位，应根据国家法律或惯例，经与最有代表性的雇主组织和工人组织协商之后确定。成员国应根据发放执照或证书制度，确定管理私营职业介绍所运作的条件。

成员国应采取措施以保证私营职业介绍所招聘的工人不得被剥夺享受结社自由的权利和集体谈判的权利。为促进就业和获取特定职业方面的机会与待遇平等，成员国应保证私营职业介绍所不得应种族、肤色、性别、宗教信仰、政治观点、社会出身等因素对工人实行歧视。私营职业介绍所在处理求职者个人资料时应保护这些资料，并保护其隐私。私营职业介绍所不得直接或间接地、全部或部分地向工人收取任何酬金或是让其承担费用。

（3）成员国经与最有代表性的雇主组织和工人组织协商后，应在其管辖范围内，同其他成员国合作，采取必要措施，为私营职业介绍所在其领土上招聘或安置移民工人提供适当保护并防止虐待现象。

（4）成员国应根据国家法律和惯例采取必要措施以保证由私营职业介绍所介绍雇佣的工人在自由结社、集体谈判、最低工资、工时和其他工作条件、法定社会保障津贴、接受培训、职业安全与卫生、发生职业事故和职业病时的赔偿、出现破产时的赔偿和保护工人债权、生育保护和津贴等方面受到适当保护。

（5）成员国应根据国家法律和惯例，并经与最有代表性的雇主组织和工人组织协商后，制定、确定并定期审议促进公共就业服务机构与私营就业服务机构之间合作的条件。

二、国外政府对私营就业服务机构的监督

国外法律赋予私营就业机构的地位以及相应的管理模式大致有五种。一是普通法地位。私营就业服务机构与其他社会中介服务组织一样，只需在工商注册部门注册，并向税务局交税，即可获得合法身份。美国、丹麦和瑞典等国家实行这种管理模式。二是注册机构地位。私营就业服务机构需在劳工部门登记注册，按照有关规定经营与运作，并接受劳工部门的监督与管理。在私营就业服务机构违反法规的情况下，劳动行政部门能对他提出起诉，但无权颁发或撤销该机构的执照。这一制度在巴西和哥伦比亚实行。三是享有许可机构地位。这是国际劳工组织第 96 号公约所主张的制度。就业服务机构开业前，需向政府主管部门（一般是劳工部门）申请经营有关业务的许可。如果主管部门认为该机构符合标准，就可以向它颁发营业执照，并且执照需要定期更换。如果服务机构存在违规行为时，则主管部门可吊销其执照。澳大利亚、英国、瑞士以及批准了 96 号公约的四十多个国家都实行这种管理制度。四是享有特许机构地位。这种就业服务机构一般存在于对职业介绍服务实行政府垄断的国家。政府将特定行业或特定对象的一部分就业服务垄断权出让给私营就业服务机构，并对私营就业服务机构的权利和义务作出规定。政府主管部门如发现特许机构存在违规行为，可随时或在预先通知的情况下收回特许经营权。五是特约机构地位。政府劳动主管部门委托私营就业机构来行使它的职能，在规定时间内，向特定对象、特定

行业或特定地区提供就业服务。在具体操作上，双方通过缔结协议，明确各自的目标、权利和义务。协议的撤销和延续条件也包括在协议规定范围之内。

尽管法律赋予的地位和相应的管理模式不同，但多数发达国家和发展中国家对私营就业服务机构的法律规定和管理措施和有关国际劳工公约的规定大同小异。这些管理措施主要有：一是私营就业服务机构要经政府主管部门登记注册。有的国家只要求私营就业机构在工商部门注册，有的国家则规定除了工商部门之外，还要求就业服务机构在劳动部门注册，有的甚至要求在法院注册，具体要看各国的法律规定。二是规定申办私营就业服务许可证的申请人必须具有一定的经营能力。经营能力指的是申请人能够胜任经营和管理企业。申请人除了要证明其具有经营私营就业机构的财务能力以外，还需要证明自己的职业技术和工作经历适合经营职业介绍活动。在一些国家，法律规定申请人应具备与人力资源管理、职业介绍、职业咨询等有关的足够的教育背景。另外，与职业介绍工作相关的一定时期的职业工作经历也是必需的。如新加坡政府规定，从 2005 年 8 月 1 日起，所有的申请人必须通过由新加坡理工学院和人力部联合举办的就业机构认证（CEA）的两个模块的考试，这是为了保证私营就业机构申请人必须具备相应的管理和运营就业机构的知识。三是规定私营就业服务机构要具备一定的物质条件。如一些国家要求私营机构在开业之前向有关当局提交一定的存款作为保证金。该保证金可以作为预防措施来保证私营机构守法运营。对未按规定行事而对求职者造成损失和伤害的机构，将从其保证金中支付补偿金。这样的政策规定有效防止了私营就业机构违法操作。日本的法律规定，申办许可证的单位要有 500 万日元以上的资产，业主有 150 万日元的储蓄，营业面积不得小于 20 平方米。四是划定私营就业服务机构的经营范围。如法国《劳动法典》规定，私营职业介绍所可以开办诸如家政服务等特定职业的介绍服务。意大利只允许私营就业服务机构从事某些行业中具有专业技能人员的职业介绍，如若为其他人员提供服务，即便不收费也属于违法行为。五是规定私营就业服务机构要接受行政主管部门的监督。如《爱尔兰职业介绍所法》规定，私营职业介绍所有义务向劳动部门通报招工内容、求职人数和实际介绍人数；《日本职业安定法实施细则》规定私营职业介绍所需按照统一要求，编写与业务有关的账簿和文件，并备于办公室内，以便行政主管部门监督检查。私营职业介绍所每年要向劳动大臣提交业务报告，每3年更换许可证并同时提交业务计划书、业务预算和决算报告等文件。

三、私营就业服务机构的自我约束机制

为争取生存权和扩大市场份额，私营就业服务机构及其行业组织始终在大力宣传自身的价值，努力争取政府的支持，与此同时，也不断通过加强自律改善行业形象。各国的行业协会和国际私营职业中介联合会（CIETT）在这方面作了大量的工作。由于国际私营职业中介机构的重要性和与日俱增的加强自律以提高行业服务水准的要求，促使CIETT于2006年修订了私营职业中介机构的《行为准则》，主要内容包括私营就业服务机构应遵循的十项行为规则：一是遵守社会伦理和职业操守；二是遵守法律；三是与劳动者签订的合同条款透明；四是不向求职者收取费用；五是重视岗位的安全；六是重视人力资源市场的多样性，防止歧视；七是重视员工的权利；八是重视商业秘密；九是重视专业知识和服务质量；十是重视公平竞争。作为国际私营职业中介的行业协会，这一准则体现了私营职业中介的行业自律，为私营职业中介机构提供了基本的行为规范。所有CIETT会员都必须遵守《行为准则》，违反《行为准则》的会员机构将被开除出协会。

除了行业协会制定的行为准则，很多私营就业服务机构也制定了自己的行为准则，因为对于他们来说，只有恪守一定的行为规范，才能为赢得求职者和招聘单位的信任，才能获得市场的认可和主管行政部门的许可，才能逐渐做大做强。

参考文献

[1] ILO, "Guide to private employment agencies. Regulation, monitoring and enforcement" . http://www.ilo.org/sapfl/Informationresources/ILOPublications/lang - - en/docName - - WCMS_083275/index.htm, 2007.

[2] Anthony O Donnel, "The regulation of public and private employment agencies in Australia: an historical perspective", Comparative law and policy journal, vol 23: 7, 2005.

[3] Benhard Ebbinghaus, "Employment Regulation and Labor Market Policy in Germany, 1991 - 2005", IZA Discussion Paper No. 2505, 2006.

[4] Ciett, "Agency Work Statistics for 2006", http://www.ciett.org/index.php? id = 55, 2006.

[5] 夏祖浩：《国外劳动力市场中介研究文献》，载《经济管理》2007 年第 9 期。

[6] 范湘凌：《劳动力市场监管之路径选择——以全球化为视角》，载《政法学刊》2007 年第 10 期。

[7] 汪怿：《国外人力资源服务业：现况、趋势及其启示》，载《科技进步与对策》2007 年第 7 期。

[8] 张小兵、李新建：《外国政府在人才中介组织与人才市场中的作用与角色》载《中国人力资源开发》2005 年第 5 期。

第四编

高校人力资源管理

英美研究型大学科研队伍建设机制的启示与借鉴

于水波

一、问题的提出

在国际上，不论是官方评估还是民间排名，教师质量均是大学水平和声誉的重要组成部分。“几个世纪以来一直都有这样一个假定，认为高校的声望就等同于其学生可享有的学习的品质。”① 因此发现和留住最优秀的学术人才成为高校尤其是研究型大学在全球化竞争中保持其核心竞争力的第一选择。

在世界范围内最早的研究型大学是1810年成立的德国的柏林大学，它开创了大学研究与教学相结合的先河。随着高等教育的发展，尤其是进入20世纪以来，大学已不再是象牙塔，越来越走近社会的中心，在人才培养的基本职能基础上又增添了科学研究和社会服务，研究型大学回应社会需求，取得了飞速发展。

在美国，“研究型大学”的概念是美国卡内基教学促进基金会首先提出的。它判别研究型大学有两个实证性的指标：（1）能提供从学士学位到博士学位的多学科的课程，每年至少要授出50

① Frank Newman, the future of higher education：《高等教育的未来》，第152页。

个博士学位；（2）每年从联邦政府至少能获得1550万美元的科研经费，如能达到4000万美元或以上，则“研究性”更强。

我国的武书连按科研规模的大小把研究型大学定义为：“将全国所有大学的科研得分降序排列，并从大到小依次相加，至得分累计超过全国大学科研得分的61.8%为止；各个被加大学是研究型大学。”① 在研究型大学中，又分为研究1型和研究2型，其中研究1型大学每年授予博士学位不少于100人。按武书连的分类，目前我国的研究型大学在40所左右。（2001年为40所，2010年为36所）。

在对国外的研究成果和国内研究型大学的探索基础上，可以认为研究型大学是以创新性的知识生产、传播和应用为中心，以产出高水平的科研成果和培养高层次精英人才为目标，在社会发展中发挥重大作用的大学。

由以上可以看出，无论是国外还是国内，判定一所大学是否是研究型大学的一项重要的指标就是这所大学所具有的科研方面的实力。科研上的实力代表了大学的声誉和地位。

上海交通大学开展的世界研究型大学数据调查（Global Research University Profile，简称GRUP）发现：总体上，在世界大学学术排名（Academic Ranking of World Universities，简称ARWU）中排名越高的世界一流大学，其平均年度科研经费越高，专职科研人员的数量也越多。一个大学如果具有机制健全、结构合理、运行良好的科研队伍，就能在同行中立于不败之地，在所研究的领域始终处于领先水平。

---

① 武书连：《再探大学分类》，载《科学学与科学技术管理》，2002年第11期。

二、英美知名研究型大学的人员结构及科研队伍构成

根据美国国家教育统计中心的统计资料显示，对于高校人员的基本构成有两种常见的划分。一种是根据职位构成的不同，按照教师（faculty）、专任人员（professional）、管理人员（administrative）、公共服务人员（civil service）、技工或辅助人员（labor represented）四类进行划分。其中教师主要由教授、副教授和助理教授组成，教授是终身教职①，副教授有的大学也是终身教职，也有大学规定副教授不是终身教职，助理教授均不是终身教职，非终身教职实行非升即走，也就是规定一定的年限，如果在这期间不能被评为副教授或教授，就需要离开教师岗位。专任人员主要是与学校签订有合同的科研人员，这一部分与学校签订服务合同，年限有长有短，工资一般是跟着项目走，一般是围绕着教师当中的教授组成科研团队，由教授组织申请科研项目并根据项目发放工资酬金。管理人员主要是包括行政管理人员。公共服务人员主要是提供支持和服务的人员。技工或辅助人员主要是指我们常说的大学的后勤服务和维护人员。第二种划分则是根据工作合同性质的不同，分为了专职人员（full－time）和兼职人员（part－time）。因为兼职教师的薪水普遍比专职教师低，而且很多兼职教师不能享受特定的福利。近年来受金融危机的影响，为了避免学校的财政赤字，保证预算的灵活性，压缩开支，因此英美大学专职人员在下降，兼职人员在增多。从下表明尼苏达大学2012年的年度报告中可

---

① 1901年，一位斯坦福大学的经济学教授因发表关于中国移民问题的言论触怒了校董斯坦福夫人而遭解雇，在当时酿成了很大的事件，引起教授们的抗议。在杜威等人领导下，成立美国大学教授联合会，发表著名的《1915宣言》，确立了终身教授制度和保障学术自由的原则。

以看出这一趋势。

表1 University of Minnesota Employee head count 2012

	Full - time	*Part - time*	*Total*
faculty	3506	728	4234
professional	2332	988	3320
administrative	2098	215	2313
Civil service	4255	537	4792
Labor represented	3990	639	4629
Total employees	*16181*	3107	19288

来源：http：//www. oir. umn. edu/static/hrdata/Employee _ Head _ Counts _ 2005 _ 2012. pdf。

在美国大学中从事科研工作的一般是三种人，一种是全职教师，他们一般在大学中既要从事教学工作，同时又从事科研工作。哈佛、芝加哥这样的研究型大学，也有专职教学职位，但他们的专职教学教员通常没有终身职位，而是按合同聘任。第二种是专任人员，他们中的多数是在大学中专职从事科研工作，偶尔也从事部分教学工作。第三种是与学校签订短期合同的兼职人员，在学校从事科研工作。

英国研究型大学的教师队伍由两类组成，一类是拥有终身教职的教授、副教授和讲师，相较于美国，英国研究型大学的副教授和讲师也是拥有终身教职的。另一类为合同研究人员。合同研究人员近年来在大学中有逐渐增多的趋势。在英国研究型大学中从事科研工作的一般是教师和合同研究人员。

通过查阅资料，以及在英美知名研究型大学网站上公布的信息来看，英美研究型大学都设立了专职科研队伍。专职科研人员与专任教师人数之比根据学校的不同而有所不同，专职科研人员的学历层次较高，专职科研人员中具有博士学位的比例很高，越是知名研究型大学其具有博士学位的比例越高。另外专职科研人员中外籍人员也占了相当的比例，体现了专职科研队伍较高的国际化程度。

专职科研队伍从职务分类体系来看，具体职务名称有所差别，但依据其内涵判断可概括为研究教授系列、研究员系列和研究助理系列三类。研究教授系列，一般称为 Research Professor Series。主要包括研究教授、副研究教授、助理研究教授。研究教授系列人员是专职科研队伍中的高级梯队，往往具备卓越的科学研究能力和丰富的科研成果，能够争取到较大的科研项目和经费，能够主持和带领中低层科研人员开展研究，为学校提高科研声誉及影响力。研究教授系列人员的聘任标准在科研表现方面与同级别的教授完全相同，但对教学不作要求。研究教授与教授的重要区别在于研究教授有聘期，不能取得终身职位（tenure）。研究员系列，一般称为 Researcher Series。该系列属于专职科研队伍的中层梯队，是大学科学研究活动的中流砥柱。研究员系列人员的科研独立性逊于研究教授系列，通常不具备独立申请科研项目和基金的资格，而是在研究教授的领导下从事科研第一线的工作。研究员系列是从事科研活动的主力军，须拥有独立从事科学研究的能力与素质，一般要求具有博士学位。研究助理系列，一般称为 Research Assistant Series。该系列属于研究辅助人员，主要包括技术研究员、研究助理等。研究助理系列是专职科研队伍的下游梯队，在技术辅助、实验设备支持与维护、数据收集分析等方面为科学研究活动提供基础性的支撑。因此，一般要求本科以上学历即可。他们属于大学职员（employees 或 staff），而非正式教员（faculty）。此外，还存在其他类型的专职科研人员，如兼职科研人员（Adjunct Research Scholar）、访问研究人员（Visiting Research Fellow）、博士后（Post doctoral Research Scholar/Fellow）等。因与学校不存在隶属关系或正式合同关系，属于短期聘用或访问人员，不涉及晋升、福利等环节，这类专职科研人员不在本文讨论的范围之内。

三、英美研究型大学专职科研队伍的管理机制

英美研究型大学形成了一套卓有成效的大学教师管理经验。例如：明确的大学教师聘任与晋升规定，健全的大学教师社会保障制度，多层次的大学教师管理制度，柔性的大学教师流动制度，“远缘杂交”的大学教师聘任制度，“非升即走”的大学教师晋升制度。针对专职科研队伍的管理主要包括聘任、考核与晋升以及薪酬福利三大方面。

聘任方面，与专任教师不同，聘用专职科研人员的经费来源不是州政府或学校的公共财政经费，而是科研项目经费。专职科研人员的聘期长短、薪酬福利和各类津贴，除去个人科研表现外，基本上取决于外部科研经费的状况。招聘专职科研人员有严格的行政程序，一般系主任或院长具有聘任的决定权，但有些学校，还需校级领导层的审批。专职科研人员的聘期为 1 年至 5 年不等，不同系列专职科研人员的聘期有所差别。一般级别越高，单次聘期越长，但均不超过 5 年。这种聘期制度可以增强中低层专职科研人员的竞争性和流动性，同时又能保证高级科研人员的稳定性和归属感。还有一些学校效仿终身制系列，实行“非升即走”政策，即对初级专职科研人员的总聘期加以限制。

考核与晋升方面，美国研究型大学都制定了针对专职科研人员的考核管理条例。考核周期方面，一般是 5—7 年接受一次工作考核。专职科研人员的晋升仅局限于研究系列内部的纵向晋升，研究型大学均未开通横向晋升渠道。因此，专职科研人员想晋升或转轨至终身制系列是无法实现的。

薪酬福利方面，专职科研人员的薪酬福利体现了大学对于专

职科研人员价值的肯定程度。良好的薪酬待遇和完善的福利体系，无疑是吸引更多优秀人才从事大学专职科研工作的物质基础和保障。将研究教授系列与终身教授系列的薪资水平进行对比发现，同级别人员的薪资上限和下限完全一致，区别在于经费来源的差异，即前者薪水的发放基于科研经费，后者则来自于州政府和学校的公共财政支出。除了相对丰厚的薪酬待遇，完善的福利体系也是大学吸引专职科研人员的重要因素。凡是与学校签订合同聘期为半年以上的专职科研人员，基本都能享受与终身教授系列人员相同的各类员工福利。休假方面，专职科研人员的各类休假政策都与专任教师相同，唯一不同的是专职科研人员无法享受学术休假（sabbatical leaves）。补贴方面，专职科研人员各类津贴的主要来源亦是外部经费拨款。此外，对专职科研人员从事服务与管理活动，大学一般也都会做出明确的规定。一般来说专职科研人员享有四大权益：可以指导研究生，可以当选研究系列教师评审委员会委员，可以竞争校内科研基金或科研奖项；可以获得和终身教授系列相同的杰出（distinguished）、冠名（named）、退休（emeritus）等荣誉称号和前缀。但涉及专职科研人员的民主权利时，规定了专职科研人员不能成为校学术委员会的成员，不具有大学评议会的被选举权等。

四、我国研究型大学师资队伍建设改革的实践探索——以北大为例

英美知名研究型大学的教师队伍建设机制对我国研究型大学人事制度的改革与发展产生很大的影响。最有代表性的当属北京大学起始于2003年的人事制度改革。北大人事制度改革历经11

次修改，当时，上任半年多的北大校长助理张维迎①教授被任命为工作小组组长。张维迎草拟的《北京大学教师聘任和职务晋升制度改革方案（征求意见稿）》及其说明。46 条方案的核心在于引进了美国大学普遍实行的“tenure－track”（“终身教职序列”或简称“终身教职”）制度，这种制度也被称为“up－or－out”（不升即离）合同。方案一经公布就备受争议，经受了概念、修辞、法律上的质疑，拥护者认为这是打破既有大学体制弊端，加强竞争，创建世界一流大学的良策；而反对者则认为此方案以市场竞争来取代中国学术自身的发展规律，是典型的休克式疗法，尤其青年教师认为这个方案主要针对无权无势的青年教师群体，是“挑软柿子吃”。

反对北大改革方的学者质疑单纯模仿美国大学不升即离机制的合理性，强调大学的发展植根于本土。舒可文引用曾任哈佛大学校长 40 年之久的艾略特的话：“美国的大学在成立之初就决不是外国体制的翻版，它是在美国的社会和政治环境中自然缓慢地成长起来，并体现着受过良好教育的社会各阶层所共有的目标和雄心。”围绕大学理念学者们提出了一连串的问题：到底什么是一流大学？在一切以市场竞争为前导的今天，大学的精神能不能不进入市场？又怎样不进入市场？甘阳指出，国内大学改革要防止把香港高等教育的弊端当作模仿的经验，因为事实上香港高教界早就对香港高等教育的弊端有清醒的反省。丁邦新 2000 年在香港发表的“香港高等教育何去何从”就非常明确地提出，华人大学要坚持学术独立自主，必须解决最关键的三个体制性问题，即：第一，建立以中文期刊为主的评鉴标准；第二，要明确写人文社会科学的论文用中文是天经地义的事；第三，在学术成果评

① 张维迎：“教育体制是我国计划经济体制迄今为止唯一没有进行根本性改革的地方。中国的高等教育处于市场改革最滞后的阶段，它甚至比政府改革还要落后。”

鉴方面，不能想当然地认为“远来的和尚会念经”，动辄就请外国专家来评鉴。

《21世纪经济报道》在社评文章中认为新体制没有提供有效的中国学术评价机制来决定国内学者如何晋升教授，反而把国内学术直接嫁接到西方学术评价体制，试图主要从海外学术市场挑选人才。在中国现有的情况下，与其一味跟人家比阔“摘桃”，不如兼顾竞争性评价与培养（“种桃”）两个方面，充分利用自己现有的学术吸引力，让年轻学者安心学术，是成本更低、也更尊重学术逻辑的发展路径。如果大学只专注于“摘桃”，忽视了培养人才的源头活水，就有可能带来倒退。与此相对应，高校人事改革的核心问题，应该是如何去建立而非嫁接一套独立、透明的学术评价机制，更好地甄别人才，营建更好的学术环境，这样才能既培育自身的学术队伍，推动国内大学间的人才流动，又利用这种经济条件之外的优势来吸引海外真正关心中国学术的学者。

陈平原在文章中认为大学改革，缺的不是“国际视野”，而是在全球化潮流之中仍然保持对“传统中国”以及“现代中国”的理解和尊重。他在“大学三问”一文特别提出“人文有无用处？管理是否万能？榜样如何获得？”这样三个问题，指出中国大学改革并没有现成的制度可以照搬，对于欧美大学制度必须经过一番创造性转化，方具有可操作性。文章结尾引用1921年北大校长蔡元培在美国柏克利大学中国学生会演说所述其“大学理想”——中国传统的孔墨精神，加上英之人格教育、德法之专深研究、美之服务社会。陈平原认为：“这样的视野与襟怀，方才谈得上制度创新”。因此，在大学改革问题上，最重要的，还是“大学理念”问题。

李猛在“如何改革大学？——对北京大学人事改革方案逻辑的几点研究”，认为北大改革草案所涉及的竞争和流动机制，其实都是依赖于国际、嫁接在国际，尤其是美国已有的评价体制上。但正因为改革方案只是追求表面上和发达国家的体制相似，却缺乏各种真正有效的学术机制，因此整个体制的运转仍将主要依靠旧的逻辑。“在这种依照旧逻辑运作的‘新体制’中，每个新加入的体制都会带来更多的问题，结果就需要设计更复杂的体制来解决，而更复杂的体制，由于还是依靠旧的逻辑运作，结果只会带来越来越多的讨价还价、幕后活动和非学术竞争，这样，更激烈的竞争将更快地淘汰那些愿意遵循学术自身逻辑进行研究的教师。”它们只能表明，北大付出巨大代价得到的只不过是旧体制变本加厉的回归罢了。而且这种旧体制的翻版，由于“竞争”环境更恶劣，连旧体制相对较宽松的环境这一优点都丧失了。其结果“不过是提高了旧的运作机制中竞争的风险，但却根本没有办法创造新的机制。”

清华大学孙立平教授在《经济观察报》提出改革的合理顺序问题，认为“从顺序的角度说，首要的问题是解决大学的官本位问题，然后是以此为基础建立一种公正而有效的学术评价机制，这时才轮到有关职称晋升和淘汰的人事制度的改革，或者说是竞争机制的建立”如果不先解决前面两个问题，即使一种从原则上看起来很好的人事制度改革方案，在实行的时候也可能会走样变形，甚至从根本上失去这个方案所奉行的基本精神和原则。

五、对当前研究型大学科研队伍建设机制的启示与借鉴

英美研究型大学科研队伍的分类管理机制，尤其是专职科研队伍的建设机制值得我们去借鉴，北京大学先行一步的人事制度改革所引起的争议和反思又给了我们很多的启示，有利于我们在国家当前推进事业单位分类改革中进一步去思考如何结合中国国情与实际去进行科研队伍的制度建设。

（一）加快推进政府教育管理职能转变，推进大学法人化治理

过去10年中国高等教育在扩招的背景下得到了快速发展，规模急剧扩张，高等教育办学规模达到了世界第一。政府主导下的以北大和清华为代表的研究型大学提出创建世界一流大学已有十余年，政府投入很大，但产出却不尽令人满意。学生就业难，师资质量不高，教学质量饱受诟病，课程设置与市场严重脱节，学风不正、抄袭造假丑闻不断等等不引发社会对高等教育提出质疑。中国的精英阶层越来越多的把子女送到国外接受高等教育，这势必会造成恶性循环。甚至有人提出：“高等教育是计划经济的最后堡垒”（薛涌）。一系列体制、机制问题已形成中国高等教育的整体性危机，这一危机很可能将影响我国能否发展成为创新型和富有竞争力的社会。要扭转这一局面的唯一出路就是改革，《国家中长期教育改革和发展纲要》中提出要转变政府教育管理职能，改变直接管理学校的单一方式，推进政校分开、管办分离，取消实际存在的行政级别和行政化管理模式。此外《纲要》还提出要建设中国特色的大学制度，完善大学治理结构，对高校改革内部治理提出了大的方向性意见。

研究型大学的内部治理问题要寻求突破不能离开外部治理的改变，宏观的大环境没有改变，内部治理的微观环境将难以改变。北大的人事制度改革所引起的非议和抵制与宏观环境条件不具备不无关系。在一个产权清晰的企业中，管理者可以运用股东的授权，解聘那些不服从管理的员工，只要保证完成预定经营目标即可；反过来，如果企业的股东认为管理者的举动不利于经营目标的实现，也可以解聘和更换管理者。但现在大学是一个国有事业单位，它的股东是谁，它的经营目标由谁来决定、谁来考核，都说不清楚。如果一定要说，就是全体纳税人。但显然，全体纳税人从来没有、也不可能对大学的组织运营作出考核与评

判。这是所有大学共同面临的问题。由于产权代理链条不清晰，国有事业单位中的管理者、上级领导和普通员工之间的权责关系是混乱的。管理者的任命，组织目标的确立，员工的行为准则，都依赖于心照不宣、难以名状的人际关系。而产权所有者的缺位，使中庸平和、四面讨巧的人最有可能成为管理者，并造就平庸、保守的组织文化。

从大学的外部治理来看以往的改革没有触及我国高等教育的控制制度，这一制度恰恰是提高大学办学质量的障碍而不是解决方案。这一制度将严格的规范要求强加于高校，将行政组织的层级制在高校复制，使学校成为结构臃肿、效率低下的衙门。毫无疑问，问题出在政府本身，大学的问题最终还是应归结为制度，其根源在于国家选择了以直接调控的方式管理监控高校，扼制了大学的生命力和学生的自由发展。长期以来，政府在处理政府与大学的关系时，往往偏重于政治视阈，从控制与被控制的维度进行管理，而不是从公共服务的视角。然而，政府通过国家行为直接管控大学的做法注定是要失败的，政府要从具体而微观的管制中解脱出来，因此，改变由政府通过政治手段和科层制直接控制高校的体系，由政府间接调控就成为大学改革与发展的必然选择。为大学提供基础条件，并通过有效的公共政策支持大学运作，如着重建立预警机制，培育社会评价机制，开发分类系统以及对高校自主设置学科专业进行自然归纳与统计，做好信息服务，这样才能实现大学真正的发展和持续的兴盛。这些观念的变革，正是大学治道转型的前提与体现。

Mintzberg 描述了不同的与组织的性质和特点的方法。他提出了关于改变大学的管理模式的基本原则：“有效的管理机构模式取决于外在环境与内在因素的紧密结合”。在中国，改革进程有时并不取决于改革者的个人意志，往往更多地受制于既有的权力结构、意识形态和个人利益的考量。“一个组织内能力越低的人，权力斗争的积极性越大，产权越模糊的组织，权力斗争越严重。”张维迎2000年说过的这句话不幸言中。在北大的人事制度改革中，遇到了许多大学行政者都要面对的问题，在大学内部，对派系斗争的热衷总是多于学术标准的讨论。没有外部治理的改革，大学内部的改革很难取得成功。但随着近年来国家对大学治理的认识逐渐加深以及社会对高等教育质量要求的提高，也随着高校在不断推进内部人事制度改革的探索，高校外部治理变革的环境也日趋成熟。

（二）加强科研队伍建设的论证分析

从社会需求的角度来看，特别是近年来，随着我国转变经济发展方式的压力迫在眉睫，对以科技创新推动经济社会发展的需求日益突出，研究型大学作为科技创新的主要力量，承担的科研任务也愈加繁重。就大学自身的发展而言，随着高等教育的大众化和国际化，大学间的竞争日益激烈，科研作为提高大学学术声誉和显示度的重要手段受到了研究型大学的高度重视。与此同时，研究型大学的科研越来越依赖于科技基金等外部竞争性科研项目而非日常性的政府拨款，经费来源并不特别稳定。我国研究型大学也面临着和美国研究型大学相似的挑战，我国虽然不像美国研究型大学一样存在终身制岗位，但计划经济体制下形成的事业编制等同于终身雇佣的思维习惯仍然普遍存在，这使得人们对编制外的专职科研人员的认同不仅低于一般教师，甚至低于有编制的管理服务人员。我们是否也需要建立一支相当规模的专职科研队伍呢？笔者认为随着事业单位聘任制改革的深入，需要用事实、数据和理论分析来说明，究竟要不要设专职科研队伍？怎么设置专职科研岗位？可以在调研分析的基础上做试点改革，研究型大学本身就是学术研究机构，具有学科上的综合优势，应当具有从事实证研究的意识和责任。在充分分析论证并作试点的基础上，再制订出来的决策才能得到绝大多数人的满意。

（三）借鉴英美大学科研队伍建设，做好制度设计与验证

有针对性的人事制度是建设专职科研队伍的重要保障，英美研究型大学在雇佣专职科研人员方面积累了丰富的经验，建立了一套有利于专职科研人员管理和发展的制度。例如实行分类管理，英美国研究型大学将专职科研人员细分为不同的岗位系列，不同系列人员的职能定位有层次上的差异，在聘任标准、工作职责、薪酬待遇上也有明确的区分。其次是重视专职科研人员的职业发展。为专职科研人员提供更长的聘期和更好的薪酬待遇，提高了专职科研人员的归属感和工作热情。最后是日常管理规范化。学校对专职科研人员的聘任、考核和薪酬待遇等都有指导性的政策和详细的操作流程，从而既保证了受聘人员的质量能够满足岗位需求，又最大限度地保障了专职科研人员的权利。

目前，高校正在按教育部统一部署和要求，组织实施高校岗位设置和聘用工作。在高校试行岗位设置管理制度，不仅是国家深化事业单位人事制度改革和改革事业单位工作人员收入分配制度的紧迫要求，也是高校转换用人机制，实现由身份管理向岗位管理的转变。高校岗位设置管理工作的重点是教师岗位设置管理，教师岗位设置管理的重中之重、难中之难是教师岗位的分级设置管理，实际上就是一个教师队伍的结构问题。但这些英美研究型大学的人事管理制度我们不能简单地从行政管理的角度去考虑采取拿来主义，我国高校实施人事管理制度改革的历史较短，一方面尚未完全打破事业编制人员的“终身制”，另一方面在实施真正的合同制管理上则缺乏经验。有些制度、做法是否有效还需要用科学的方法加以验证分析，例如，目前研究型大学普遍采用的以研究产出为基础的人事考评和薪酬挂钩机制，就有实证研

究证明对高校教师的科研产出并不具有显著性的影响作用。[1] 为了尽快建立一支专职科研队伍，我国研究型大学应当根据学校的现实条件和发展定位，在学校层面对不同类型、不同层次的专职科研人员的职责、聘任、聘期、考核、待遇、福利等进行设计和规范，同时对制度取得的成效要进行验证分析，其中应特别重视为专职科研人员提供职业上升通道和相应的回报期望，从而提高专职科研人员的职业安全感和归属感。

（四）发挥科研带头人的作用，建设科研团队

管理学界有一个著名的管理寓言：一头狮子带领一群羊能够打败一头羊领导的一群狮子。学术带头人以他的专长权和个人魅力[2]影响着团队成员，在学术上起着实际上的管理作用。好的科研带头人将指导团队走向成功。合格的科研带头人的既要有学术水平，又要有人格魅力和管理协调能力。同时科研团队还要有学术成果比较丰富的骨干成员，以及有助手和一般工作人员，整个科研团队呈金字塔状结构。科研团队的高层次要保持相对稳定，而低层次可以有一定的竞争性和流动性，这样才有利于科研水平的持续提高。科研团队的精髓是共同承诺，相互信任和协调沟通。

近十多年来，随着我国教育改革的不断深化，高等学校在人力资源开发与师资队伍建设方面取得了巨大进步．高校人事管理的科学化、规范化，尤其是科研队伍建设和管理的进一步优化，正在成为高教管理部门和教育学、管理科学界研究与探索的重要

---

① 鲍威、王嘉颖：《象牙塔里的压力－中国高校教师职业压力与学术产出的实证研究》，载《北京大学教育评论》，2012 年。

② 加翰·范德格拉夫将学术带头人的专长权和个人魅力称为“魅力权威”，他说：“魅力权威这个概念是指：某人由于具有非凡的个人特长（其极端就是天才），一群人就心甘情愿地追随他，接受他的支配。因此，这位首领的权力不是来自于行政结构中的地位，也非出自世袭的传统权力。”

课题。高等学校科研队伍的建设，经历了从自然形成的无意识阶段或自发阶段，到认识到科研队伍机制建设的重要性，并开始自觉建设科研队伍的自觉阶段，再到高校将组建科研团队、培养带头人和骨干队伍为核心的自为阶段。

参考文献

[1] 伯顿·克拉克：《高等教育新论－多学科的研究》，浙江教育出版社 1988 年版。

[2] 邹晓东：《研究型大学学科组织创新研究》，载《浙江大学》2003 年。

[3] 张卓：《研究型大学的基本特征和评价体系》，载《南京航空航天大学学报》（社会科学版）2002 年。

[4] 武书连、吕嘉、郭石林：《2001 中国大学 100 强是如何评出的－中国大学评价指标体系及评价公式》2001 年 8 月 14 日。

[5] 赵峰：《高绩效科研团队建设的思考》，载《桂林电子工业学院学报》2003 年。

[6] 鲍威、王嘉颖：《象牙塔里的压力－中国高校教师职业压力与学术产出的实证研究》，载《北京大学教育评论》2012 年。

[7] 毛伟：《美国高校教职员数量和结构研究》，载《理工高教研究》2008 年第 3 期。

[8] 周薇、程莹：《美国研究型大学专职科研队伍建设的情况与启示》，载《复旦教育论坛》2012 年第 2 期。

[9] 李志锋：《高校学术职业分层制度的变迁逻辑》，载《清华大学教育研究》2002 年第 8 期。

多层次建设校园文化 促进学校和谐发展

白云伟

引 言

当前，随着市场竞争日趋激烈，越来越多的企业家开始把目光聚焦于文化建设上。企业文化几乎成为企业家的“口头禅”、“流行语”。特别是一些大型企业更是不遗余力地加大人、财、物投入，着力打造自己的企业文化。企业之所以如此重视文化建设，是与企业家对企业文化的功能或作用的认识分不开的。作为构建企业核心竞争力的重要内容之一，企业文化不仅是实现有效管理的重要手段，而且也是企业自身形象的一个集中体现。通过这种自觉的文化建设，使不同企业之间成为一个个相对独立的文化单元，成为易被社会识别和记忆的文化符号，从而有利于企业在市场竞争中合理定位，有利于提高和改善企业管理，增强其市场竞争力。反过来，企业文化建设也能促进企业的个性化、多样化发展，进一步加剧市场竞争，增强社会经济运行的活力。

与企业进行文化建设形成鲜明对照的是，一些专事科技、文化教育事业的高校，却不同程度地存在忽视、轻视校园文化建设的怪现象，甚至少数高校竟然没有自己的特色文化，成为“没文化”的学校。产生这种现象的原因固然是多方面的。既有传统教育管理体制的影响，也有各自发展的历史因素的影响，但归根结底还在于对校园文化建设的认识或重视不够。在更深层次上，之所以有少数高校对自身文化建设重视不够，可能与它们存在着这样的认识误区有关：以为高校属于“文化单位”，其本职就是进行科技知识和文化的教育或传承，没必要也不需要进行所谓的文化建设。这实际上是把文化建设看成是非文化单位的事了。其实，这种看法是根本错误的。有必要对校园文化建设中存在的一些问题作进一步的思考或分析。

一、如何界定文化及校园文化的含义

在关于文化的不同著述中，对“文化”这一概念存在因人而异的广泛理解，且不同人对文化的理解有宽有窄，很难有一个统一的定义。尽管如此，我们还是可以从经典文献中检索到一些能被人们普遍接受的定义。如，我国著名学者梁漱溟曾在《东西文化及哲学》中把文化界定为：“一个民族生活的各个方面”，其中包括：“（一）精神生活方面，如宗教、哲学、科学、艺术等”；“（二）社会生活方面，……如社会组织、伦理习惯、政治制度及经济关系”；“（三）物质生活方面，如饮食、起居种种享用”。[①] 换句话说，文化本质上是“属人的”，是由人的精神层面、社会或制度层面以及物质层面这三方面共同构成的生活样法或生活样态。从这一定义看，文化实际上包括了人类一切创造性活动及其成果。这是对文化的广义理解（狭义的文化只包括精神文化）。

按照上述关于文化的定义，我们可以从广义上把“校园文化”界定为：一个从事教育教学活动的组织单元，在实现自身教育目标和完成教学和科研任务的过程中所表现出来的一切创造性

① 罗荣渠主编：《从“西化”到现代化》，北京大学出版社 1990 年版，第 55 - 56 页。

活动及其成果，包括相互联系的三方面内容：

（一）物质文化。这是学校赖以存在和发展的最基本、最常见的构成部分

包括用于教育教学和科研活动的一切楼宇和房屋建筑、场馆场地、仪器设备等教学实施与条件，以及花草树木等校园景观设施等所有物质内容。作为学校教育教学和科学研究等活动的物质载体，这些物质性条件或设施无一例外都是学校在开展教育教学或科学研究等活动中进行的有意识的创造性产物；作为创造性活动的成果，这些物质内容又忠实地记录并承载着一所学校的形成与发展史。其中，不仅寄寓着学校不同历史发展时期对建筑、园林、环境及空间布局的美学理解，而且还折射着不同时期学校办学目标、规模和结构等发展理念，具有特定的历史传承意义。

需要指出的是，物质文化强调的是物质中所凝结的文化内容，而不是物质实体本身。不能简单地把校园的各种物质客体同文化直接画等号，否则就抹杀了物质和文化的区分。事实上，文化作为人类特有的一种创造性活动及其成果，实质上就是指人类意识的能动性以及由意识能动性所创造的成果，即“第二自然”（人类活动成果反过来又成为人类借以活动的“第二自然”）。换句话说，文化就是人类意识能动性这一本质的体现，是人类创造性意识活动的集中体现。由于人类意识是一种看不见、摸不着的内隐性存在或隐含性活动，只有当它附着于某种客体上，或者通过现实活动才能表现出来，成为一种客观的文化形式。与意识或精神相对应，物质是一种客观实在，看得见、摸得着，包括自然物质和“人化”物质两种存在类型。后者由于加入了人类的创造性劳动，才成为“人化自然”的物质内容。总之，物质文化是物质与文化的双重组合，既是文化的物化，又是物质的“人化”。

（二）制度文化

按照马克思主义唯物史观，制度文化是人类在物质生活或物

质生产活动基础上建立起来的上层建筑，目的是合理协调人与人之间的社会关系，以满足人类社会交往的需要。同物质文化相类似，制度文化也是制度与文化的结合，是文化的制度化。不过，物质的文化与制度的文化也有些微的区分。如果说物质文化是文化对物质的附着，是文化附着性的体现，则制度文化可视为文化在各项规章条例中的渗透，是文化的渗透性表现。制度文化一般是通过各种条例、守则、手册、办法以及会议记录等各种书面形式而存在和表现出来的。比如，把人们关于公平竞争、诚实守信等观念意识，通过书面形式的条款表现出来，就成为考试制度。所谓校园制度文化就是指，在学校教育教学和科研活动中为协调各项具体活动或各个活动环节之间的相互关系而制定的一系列行为规范的总称。包括教师守则、学生守则，教学计划，教学规范，教学过程和效果考评，科研项目审批、管理和评审等各项规章制度。作为维护学校正常运行秩序，实现学校既定目标的有效手段，校园制度文化建设已经成为关系学校未来发展的重要文化内容。

当前，制度文化已经成为许多高校文化建设的重要内容。众所周知，学校的教育教学活动是近现代社会分工的产物。随着现代社会分工的不断深化，高校不仅承担了人才培养、新科技创新与“孵化”等职能，而且高校之间以及高校内部学科和专业设置也更加细化。这一发展趋势反应在学校，使得高校内部教学与科研等各种关系、各种活动日益复杂化。要满足社会政治和经济发展对学校教育教学和科学研究的需要，就需要有一系列科学的制度规范，以合理界定教学与科研等各项具体活动的范围，调理和规范各环节的有效运作，以保证学校的教学和科研活动的井然有序。总之，重视并合理组织文化建设正在成为高校进一步创新和发展的动力源泉。

（三）精神文化

精神文化起源于人类在满足对物质需要的基础上又超越这些需要而产生的一种超越性的精神需要，是一种更具有创造活力和自由的需要。同物质的文化附着性与制度的文化渗透性不同，精神文化具有超越品性，在整个文化体系处于最高层次。如果说物质文化、制度文化是一个社会组织的躯体，那么精神文化就是整个组织的活的灵魂。它既无形无影，又无时不在、无处不有，与人类社会形影不离。校园精神文化不仅包括学校借以发起或成立的明确的办学目标和定位、教育教学理念和主导价值取向，而且还包括在日常教育教学和科研活动中累积并延续的各种惯例习俗（如尊师重教的行为习惯、自主学习、勇于创新等习惯）、教育教学的心理和行为倾向、师德师范、学习风气以及师生员工个体和群体共有的价值观和群体心理特征等等。它以无形的精神存在于学校的各个角落，贯穿于学校形成和发展的每一阶段，并通过师生员工的行为方式倾向、态度、情感等具体地体现出来。校园精神文化属于狭义文化的范畴。一种积极的、正向的精神文化既能弥补制度文化的不足，对制度规范起到拾遗补缺的作用，还能起到凝聚人心、聚合力量的作用。相反，一种消极的、负向的精神文化则会削弱、甚至抵消制度规范的作用。

校园文化的上述三个构成部分是对立统一的有机整体。从对立方面看，对立即差别，这种差别不仅表现在上述三个部分各有不同的含义上，而且还表现在具体的存在方式或形态的差别。从统一的方面看，统一即联系，包括各组之间的同一性和一致性。所谓同一性是指校园文化的三部分都是人类意识活动及其产物。也就是说，不论是物质文化、制度文化还是精神文化，在文化方面是同一的。也正是从这个意义上讲，校园又是文化的校园；所谓一致性是指它的三个部分共同组成文化存在与发展的三个维度，即物质文化的附着性、制度文化的渗透性和精神文化的超越性。从这个意义上讲，校园物质文化、制度文化都以实践活动成果的形式而存在，故有人称之为“死文化”，或“活文明”，是文化的“存量”；而精神文化作为“活的灵魂”，是文化的“流量”。“流量”的一定时期的积累，在特定时点上积淀为“存量”，这是校园文明演进的一般规律性。

二、如何建设校园文化

不可否认，由于高校作为知识传承和创新的重要活动场所，对社会经济政治和社会文化的影响越来越大，高等教育创新已成为当代国际竞争的制高点。问题是，怎样进行校园文化建设呢？我们认为，应主要从以下几方面着手：

首先，要把校园文化建设与加强思想政治教育工作相结合。高等教育事关国家未来发展大局。培养什么样的接班人？这一问题直接关系到未来社会主义事业的兴衰成败。在我国现行高等学校的管理体制中主要实行“党委领导下的校长负责制”。这一制度的核心就是要发挥党对高等教育的政治领导作用，包括思想、组织和作风的领导。特别是，党在长期的领导实践中，已经积累了一套行之有效的开展思想政治教育工作方式和办法，并成为党的一大政治优势。我们应充分利用和发挥这一优势，在校园文化建设中把思想政治教育同校园文化建设相结合，及时准确传达党的教育方针，宣传和落实党的各项政策，把社会主义价值观、人生观等融入到校园主流文化中去。

其次，要充分发挥学校主要领导在校园文化建设中的主导作用。由于校园文化建设涉及物质文化、制度文化和精神文化等不同层面，涉及面十分广泛，因而是一项复杂的系统工程。在这项系统工程建设中，首先要发挥学校主要领导在校园文化建设中的领导和表率作用。事实上，一所学校有什么样的文化？

其主流价值导向往往较多地受到学校主要领导的影响，特别是这种导向作用还与领导者本人的素质和能力呈正相关关系。一般而言，越是被师生广泛认可和接受的领导，就越有可能将自己的教育观、办学理念乃至审美趣味等意识内容向学校公众表达，并通过积极有效的影响作用而被师生所认同、接纳，最终被转化为校园文化的主导文化。因此，应当首先重视学校领导的素质提高和能力培养。在提高领导素质和能力的基础上，多形式、多层次利用学校思想政治教育主渠道，把校园文化建设与思想政治教育相结合，加强对校园文化的引导，特别是精神文化的引导。

再次，重在建设，加大对校园文化建设投入支持力度。在文化建设中，由于物质文化是“实的”，需要花费大量的成本，人、财、物等必要的物质支持自是不可缺少的。这自不待言。单就精神文化而言，虽然其存在与活动形态是“虚的”、看不见的，但要做好“虚文化”建设，也是需要成本的，甚至还需要很高的成本。这是因为，精神文明建设的一个显著特点是“建设容易，巩固难”。要倡导或宣扬一种价值观、教育观或新的办学理念，可能只需要几场报告和几次思想动员就能收到一定效果，但要想使这种观念的意识形态长期巩固下去，发扬开来，就需要做长期不懈的努力。鉴于精神文明建设的这一特性，就需要在长期建设中加大人、财、物的支持力度。

最后，软硬兼施，齐抓并举，把校园文化建设的三个方面统一规划实施。当前，不论是一些企业进行文化建设，还是一些地方政府进行文化建设，一个共同倾向是“重物质文化建设，轻精神文明建设”。其实，这是一种误导。如前所述，在文化构成因素中，精神文化属于最高层次，它在整个文化体系中居于核心地位。没有精神内涵的“硬的”物质性建筑物不过是摆设而已；同样，缺乏精神内涵的制度充其量也不过是挂在墙壁上的，或印刷装订在一起的“纸张”而已。因此，在校园文化建设中，更需要充分发挥学校人力资源的优势，以精神文化的建设为统领，把物质性、规范性等“硬”文化同精神性“软”文化“齐抓并举”、“软硬兼施”，唯此也才能实现文化建设的综合效果。

三、在校园文化建设建设中需引起注意的几个问题

1. 要警惕校园文化建设存在的物质化倾向。近年来，随着我国高等教育事业的快速发展，几乎所有高校都投入了大量财力，用于改善学校“硬环境”基础设施项目，甚至有些高校还因盲目圈地、扩规模、上项目而负债累累（有的实际上已经处于破产边缘），这种过分“物质化”的校园建设倾向已经步入一个误区。放眼世界，我们会发现即使是那些举世闻名的高等学府，它们之所以能闻名遐迩，决不是因为它们有奢华的教学大楼、豪华的办公室和教室等物质设施。相反，独具特色的办学理念，富于批判和创新的精神等“软文化”，才是它们吸引并凝聚起一大批顶极人才，并不断取得科学突破的“法宝”所在。大量的事实业已证明，世界上还没有一所大学是靠巨额的物质性投资建成的。当前，一定要警惕这种倾向的继续蔓延。

2. 警惕学术评价中“民主化”倾向。本来民主化作为一种普世的政治价值追求，其存在自有其合理性和必然性。在高校管理体制改革中应该积极推进民主化的管理进程。但一个不容忽视的现象是，一些高校竟然把民主化“泛化”到既非行政、亦非政治的学术领域。不但科研成果验收实行“民主化”表决，而且在职称评定上也大兴此道。事实上，大凡科学研究，特别是原创性研究都存在很大的不确定性。而允许“失败”是学术自由和学术创新性的实质所在。不仅如此，即使研究的实际结果与预期结果

不符，甚至相背离，也不表明研究本身是失败的，至少它可以给以后的研究者指明“此路不通”。另外，在科学研究中一些真正有价值的原创性成果，当它被发现时也往往在只能被少数人所认识和接受。这说明，真理有时可能只是掌握在少数人手中，绝不可能通过民主化方式作出判断。当前，应警惕高校在学术领域滥用“民主”手段，以防止真正有价值的成果被扼杀，真正有创新潜力的人才被埋没。

3. 警惕学校行政管理的官僚化动向。自改革开放以来，在我国经济体制改革浪潮推动下，企业特别是国有企业的管理体制有了明显的改善，公司制、股份制改革大大推动了国有企业管理的民主化进程。相比之下，高等学校管理体制改革明显滞后。大部分高校仍然沿用传统管理体制。不仅内部机构设置继续套用政府行政机构的职务级别，而且在决策和组织管理中仍然存在着十分严重的官僚主义和官本位思想，这须引起警觉！

4. 在校园危机处理中，要注意发挥“软性”文化的作用。近年来，随着我国社会经济生活的急剧变化，一些突发性事件也时有发生。特别是一些突发性事件还因为处置不当或失当最终酿成一场场危机事件。这反映出一些地方或部门还缺乏足够的突发性事件处置或危机应对能力。当前，维护社会和谐稳定仍然是压倒一切的大局，必须提高包括高校在内的所有社会组织化解或处置突发性危机事件的能力。怎样提高这种能力呢？当然，面对不同突发事件，不同社会组织可能有不同的应对办法，但归根结底还要从文化建设抓起。这是因为，大凡突发性事件都有一个显著特点，就是它们往往都超出了经验事件，因而难以被正确地预知，且一旦发生又没有现成经验可资借鉴或应对。而文化建设恰恰能够弥补这一不足。通过把具有终极意义的精神“内核”挖掘、提炼并凝结在组织的核心价值体系中，形成相对稳定的文化“硬核”，就能在处理突发性危机事件中起到“万变不离其宗”的指导作用，避免临阵失措或失策！

参考文献

[1] 罗荣渠：《从“西化”到现代化》，北京大学出版社 1990 年版。

北京地区高校青年教师人力资源教育开发研究

冯　琨

近十年来，我国高等教育事业进入快速发展阶段，包括北京在内的很多高校以“人力资源是第一资源”为指导思想，教师队伍建设得到了快速的发展，高校教师队伍人力资源建设的步伐逐渐加快。《2012 年全国教育事业发展统计公报》显示，截止到 2012 年底，我国普通高校的专任教师为 144.03 万人，这一数字比上一年我国高校扩招净增了 4.76 万人。从高校青年教师的增长的情况看，一方面，高校青年教师增长幅度超过了 70%，其中，36 岁到 40 岁教师的增长甚至超过 100%；另一方面，青年教师的职称水平也有了小幅上升，副高级职称的教师明显趋于年轻化，比重达到新晋升的副高级职称总数的近一半；第三，从青年教师的学历水平看，也有所提高，高校专任教师的增量基本上均为国内外高校毕业的研究生，这部分人员学历水平较高，但是年纪轻、教龄短、专业发展与教学水平提升的压力较大。由此可以看出，虽然我国高校青年教师的学历结构、年龄结构以及职称结构等均得到了不同程度的改善，但是如何做好高校青年教师的人力资源教育开发就成为高校管理的重要课题。

一、高校青年教师人力资源教育开发的基本概念

（一）高校青年教师的界定

目前，各高校对于青年教师的界定没有统一的认知，较为多

见的界定有两种：一种将高校青年教师界定为 35 岁以下，从事高校教学和科研工作的专业人员；另一种是按照《高等学校优秀青年教师教学科研奖励计划事实办法》中规定的将青年教师的年龄放宽至自然科学类 40 岁以下，社会科学类 45 岁以下。本文中的高校青年教师是指年龄为 40 岁以下的专门从事教学和科研工作的专业人员。

（二）高校青年教师人力资源教育开发的含义

高校青年教师人力资源是指年龄在 40 岁以内的能够推动高校教育事业发展的现实和潜在的所有青年教师的体力、智力、心力、精神力以及教学能力等各种劳动能力的总和。它既包括现有的高校青年教师人力资源群体（现实人力资源），也包括掌握了一定专业知识和教育教学技能有可能进入高校青年教师队伍的潜在的人力资源。

高校青年教师人力资源教育开发是指高校为加强青年教师队伍人力资源能力的建设、实现高校的发展战略目标而实施的一系列提高青年教师队伍整体素质、增强其专业知识、专业技能、专业态度，优化专业资格和资质的一系列培训学习活动。高校青年教师的人力资源教育开发可以包括对现有青年教师队伍的开发和对潜在加入的青年教师人力资源的开发，对于后者的教育开发的过程要更加的复杂，需要建立严格的人才筛选、聘用制度，才能帮助高校吸收高素质的青年人才，成为高校现实的青年教师人力资源。

（三）高校青年教师人力资源教育开发的基本方法

1. 高校青年教师人力资源开发的目的

高校青年教师人力资源教育开发的主要目的就是提高高校青年教师的整体素质与能力，推动青年教师的专业化发展，激发青年教师的潜能，使高校青年教师人力资源真正做到“资本化”、“专业化”，肩负起为国家培养人才、创新科技和服务社会的重任。

2. 高校青年教师人力资源教育开发的基本方法

（1）人力资源规划——对青年教师队伍发展的全局把握

教师人力资源规划是指一个学校或教育组织根据环境和战略的要求，科学的预测和分析教师人力资源的供给和需求，制定相应措施，以保证在需要的时候获得相应教师的长期发展规划。高校青年教师人力资源规划是对高校青年教师队伍发展和建设的群体把握。高校青年教师人力资源规划包括人力资源总体规划以及各种具体的业务计划两方面内容，其中青年教师人力资源总体规划包括对青年教师的数量规划、结构规划和素质规划三方面内容。人力资源规划是否科学将直接影响整个青年教师队伍教育开发过程的实施和效果。

（2）招聘——青年教师队伍的开发和补充

招聘是高校青年教师队伍开发和补充的重要工作，对于青年教师的招聘要根据高校的总体发展目标和学科建设的要求确定人才招聘计划，从源头上确保高校能够获得优秀的青年教师人力资源。高校青年教师人力资源招聘主要有以下三个环节：

第一个环节，招聘环节。高校首先要做出人力资源需求预测，确定所需岗位和人才，明确岗位工作职责、任职资格及相关待遇；其次，制订实施方案，主要包括招聘专家的聘请、招聘渠道、甄别方法的确定、招聘的时间安排、成本的预算以及其他相关工作的分工等；最后是招聘信息的发布。

第二个环节，甄选环节。人力资源招聘的关键环节是如何挑选合适的人才，确保青年教师队伍的质量。这一环节可以借助现代人力资源测评技术对候选人进行科学测评，包括：心理测验、面试、笔试、情景模拟、评价中心技术、业绩考核、背景分析等手段。

第三个环节，聘任环节。经过甄别，选择适合的人员，高校与之在双方自愿的基础上签约，明确双方的责、权、利。

（3）培训——青年教师人力资源的开发

针对高校青年教师开展专项培训是高校青年教师人力资源教育开发实施的主要方式和有效手段，培训内容较为丰富，是高校专门为青年教师组织的教育开发活动，是青年教师不断获得新知识、新技能的主要途径，是充分挖掘青年教师人力资源潜能，实现其自身价值，提高其工作绩效的根本途径，也是培养年轻优秀人才和青年骨干教师的有力举措。

（4）绩效考核——青年教师人力资源的鉴定

从人力资源的角度来看，教师绩效考核就是高校根据自己的发展目标对教师在某一教学科研岗位上的行为表现和结果进行合理科学测定和价值判断的过程，从而为教师人力资源开发与管理提供有价值的参数。对教师的绩效考核评价要全面具体，考核内容和指标要真正反映对教师的教学水平及专业素养的要求，要将静态的业绩考核和动态的教学过程评价相结合，对教师做出客观公正的评价。

二、北京地区高校青年教师人力资源教育开发的调查分析

（一）北京地区高校青年教师人力资源管理调查分析

针对这部分调查主要包括北京地区高校人力资源规划、招聘以及绩效考核，采用访谈方式，对北京地区13所高校的人事处工作人员进行了访谈，对北京地区高校人力资源管理情况调查如下：

1. 北京地区高校青年教师人力资源规划情况

在接受调查的15所高校全部引入了人力资源规划的概念，特别是针对青年教师的开发与管理方面，比较重视。北京地区的

高校能够结合自身战略定位，将办学定位、办学结构以及办学规模和人力资源规划相结合，制定了较为符合自身战略定位的青年教师人力资源规划方案。

2. 北京地区高校青年教师招聘情况

通过访谈可知，目前北京地区的高校在人才引进中主要采用招聘的方式，占到人才引进总体的95%以上，其中又包括公开招聘（占招聘总体的56%）和内部推荐或留校（占44%）。此外在引进青年教师的过程中，为了保证高层次人才拥有高素质，近半数高校采用了人才测评工具。

3. 北京地区高校青年教师的绩效考核情况

目前，北京地区的高校对在校的所有专任教师均采用同一种考核体系，并没有针对青年教师制定有针对性的绩效考核体系，但是所有的高校都有针对新进入的青年教师的开展导师制工作，即为新入职的青年教师指定较高职称且教学经验丰富的教师作为导师，但是青年教师导师制的时间普遍为1—2年，只有2所高校的时间较为弹性，可以根据需要延长。

（二）北京地区高校青年教师人力资源教育开发情况调查

这部分调查主要采用抽样调查的方式，对北京地区17所高校的800名青年教师进行了调查，收回问卷695份，回收率为86.8%，有效问卷663份，有效问卷的回收率为82.9%。

1. 北京地区高校青年教师基本情况

在被调查的青年教师中，30岁以下的青年教师比例为12.5%，31—35岁的青年教师占总体的46.1%，36—40岁的青年教师占总体的41.4%。接受调查的青年教师的学历情况由低到高依次为：大本（6.7%）、硕士研究生（84.3%）、博士（9.0%）。在接受调查的青年教师中，拥有副高以上职称的占总体的15.2%，初级职称2.2%，比例最大的为中级职称，为82.6%。

2. 北京地区高校教师教育开发需求

在此次抽样调查中，青年教师参与的教师发展的各类培训主要包括：教学技巧和方法，占 43%；其次，工作职责以及校园发展占 26.7%；第三，专业知识占 23.1%；理论前沿和学术动态占 7.2%。根据高校教师发展的内涵，在调查中将教师发展的需求分为四个维度：专业发展的需求、教学发展的需求、提升个人能力需求、了解组织发展的需求，调查结果如下：

表 1　北京地区高校教师教育开发需求统计

类型	项目	非常需要	需要	无所谓	不需要	根本不需要
专业发展的需求	提高学历水平	44.8	24.4	12.8	11.1	6.9
	了解学术动态	63.2	23.7	9.4	3.2	0.5
	提升科研能力	55.6	34	7.2	2.3	0.9
教学发展的需求	学习教育教学理论	21.6	48.3	19.8	6.4	3.9
	学习教学技巧	32.5	50.1	12.3	3.1	2
	学习使用多媒体教学设备	15.9	37.6	27.8	13.6	5.1
提升个人能力的需求	提高外语能力	16.7	39.5	22.3	13.7	7.8
	职业生涯规划	12.6	42.3	28.9	14.1	2.1
了解组织发展的需求	工作职责	17.2	36.4	30.2	13.9	2.3
	学校发展	25.3	29.8	27.9	13.4	3.6

3. 北京地区高校不同年龄段青年教师职业发展的需求

通过调查，可以看出大部分教师的发展需求随着年龄的增加逐渐降低，在被调查的青年教师中 30 岁以下的教师各方面的发展需求都比较旺盛，只有多媒体教学设备运用的需求呈现反向特征，即 36—40 岁的青年教师需求旺盛。

表2　北京地区不同年龄段青年教师的职业发展需求统计

类型	项目	30岁	31—35岁	36—40岁
专业发展	提高学历水平	42.2	26.7	31.1
	了解学术动态	47.3	29.5	23.2
	提升科研能力	46.9	32.1	21
教学发展	学习教育教学理论	48.4	32.7	18.9
	学习教学技巧	40.3	32.9	26.8
	学习使用多媒体教学设备	25.8	23.9	50.3
个人能力	提高外语能力	50.5	29.6	19.9
	职业生涯规划	32.9	30.9	36.2
组织发展	工作职责	45.3	31.8	22.9
	学校发展	35.5	30.7	33.8

4. 北京地区高校不同职称青年教师发展需求

不同职称的被调查者的发展需求差异比较明显，中低职称的青年教师在四个维度的需求中均表现出旺盛的需求，但是随着青年教师职称的晋升，其对各类发展的需求均有明显下降。

表3　北京地区高校不同职称青年教师职业发展需求统计

类型	项目	教授	副教授	讲师	助教
专业发展	提高学历水平	23.6	36.1	54.8	85.0
	了解学术动态	79.3	87.2	88.6	96.4
	提升科研能力	82.3	85.3	90.2	97.8
教学发展	学习教育教学理论	59.3	62.8	70.2	78.4
	学习教学技巧	60.9	68.8	80.4	91.6
	学习使用多媒体教学设备	49.6	50.5	52.3	53.7

续表

类型	项目	教授	副教授	讲师	助教
个人能力	提高外语能力	49.6	60.8	71.3	75.0
	职业生涯规划	26.0	40.5	56.9	72.2
组织发展	工作职责	26.6	36.8	45.2	60.8
	学校发展	48.0	52.9	66.2	70.3

三、做好北京地区高校青年教师人力资源教育开发工作的建议

（一）更新观念，树立科学的人力资源教育开发观

1. 树立“用人用其长”、“人尽其才”的人才观

打破传统对人才的认知，客观理解人才的内涵，高校青年教师多是术业有专攻的专业人员，学科知识完备，但是工作经验、人际关系等方面不一定表现完美，因此，要清楚地认识到每个青年教师都有其优点和缺点，客观评价青年教师的工作表现，对他们进行有针对性的开发，作到人尽其长，才尽其力。

2. 树立“群体成才”的人才观

一所高校长远的发展，不能仅靠一个或几个优秀教师，而是需要培养一个优秀的教师群体。因此既要注重对学术带头人、骨干教师的培养与开发，还应该积极培养青年教师团队，任命导师，充分发挥导师的传、帮、带的作用，建立起一批青年教师教学团队和科研团队，充分发挥青年教师在教学和科研工作中的主力军作用。

（二）制定科学的人力资源规划

高校应该制定科学的人力资源规划：①对人才的供需进行科学的测算，提出合理的适合本校发展的青年教师人力资源的类

型、数量、结构以及层次的要求。②高校青年教师人力资源规划应包括人才引进、培养、使用、调配、激励等方面的所有业务规划。③高校的人力资源规划应具有预测性、战略性，能够根据内外环境的变化和高校战略目标的发展及时进行调整、更新和完善。④高校人力资源规划要有层次性，既要制定近期的计划，也要做好中长期的规划。

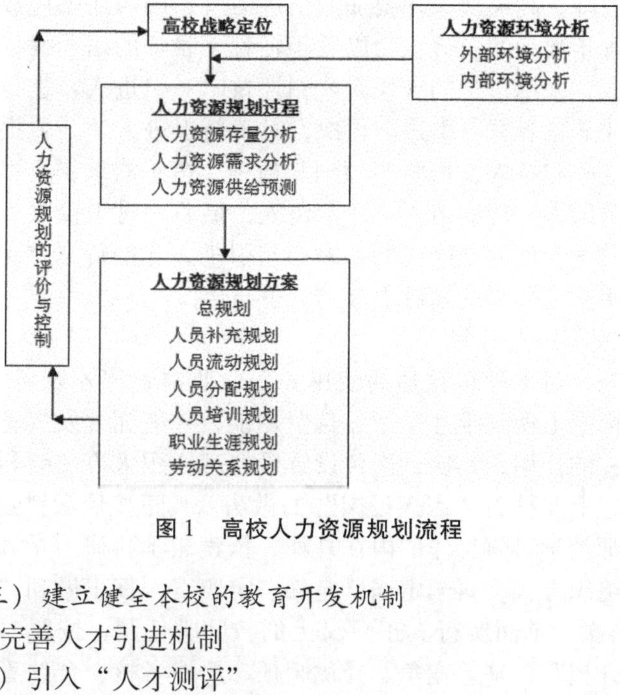

图1　高校人力资源规划流程

（三）建立健全本校的教育开发机制

1. 完善人才引进机制

(1) 引入“人才测评”

科学的人才测评是人力资源工作的起点。高校引进人才，承担着教书育人的百年大计，因此选聘真正适合与从事高教事业的人才，是高校人才引进的关键所在。目前市场中普遍人才测评技术相对比较完善，且人才测评可以克服招聘过程中“面试”的弊端，针对计划引进的人才的知识水平、能力结构、道德品格、个性特点以及职业倾向和发展潜力等多种素质进行测量和评价，测评方式公正、客观，测评结果准确、可靠，可以作为高校选拔青年人才的重要手段。

（2）完善人才引进机制

要依据有利于学科发展和教师队伍建设的原则科学设岗，合理确定人才引进的数量及层次，对关键岗位、急需学科所需的青年骨干教师、高层次人才要加大引进力度，同时还不应放松对潜在优秀青年教师的引进，为以后年轻骨干教师的培养提供后备队伍。其次，采用科学的现代人才测评技术对引进人才进行全面考核，德才兼备者方可引进。再次，对于新引进人才，要提供事业发展的空间和条件，也要照顾到其精神、情感需求，要以事业留人，感情留人、待遇留人，政策留人；最后，对于校内人才也要建立起科学合理的激励机制，缩小与引进人才的待遇差距，使整个教师团队在公平的基础上参与竞争与合作。

2. 改革用人机制

首先，对于青年教师的使用和任命要本着德才兼备的原则，在用人标准上做到唯才是举、选贤用能，才能充分发挥青年教师中流砥柱的作用；其次，岗位设置要合理，用人方法要科学。在岗位设置上要打破“因人设岗”的做法，真正按照学科建设的要求和教师教学科研工作的内在规律，探索教学科研力量和学术梯队新的组织方式，科学定岗、定编、定职责，真正做到“岗位管理”。再次，全面实行真正意义上的教师聘任制，按照“按需设岗、公开招聘、平等竞争、择优聘任、严格考核、合约管理”的原则实行教师聘任制，并且要进行一系列相关配套体制改革。

3. 健全培训机制

（1）建立高校青年教师培训进修的保障机制。

高校应该依据自身专业发展、学科建设和青年教师的发展规划，制定相应的文件以保障青年教师享有公平、平等的参加培训的权利。

（2）依据青年教师的特点设计培训方案，提高培训效率。

青年教师培训方案的设计要体现终身教育思想和现代培训理念，强调人本化、个性化；其次，从师资建设的全局出发，结合高校学科发展和专业调整的需要，分别设计重点培养方案（培养学术带头人和青年骨干教师）和全面提高方案（全面提升青年教师的整体素质）；再次，重视学历教育，鼓励青年教师参加脱产或在职学习提高学历；第四，要注重教育教学技能的培训，设计专门的课程，提高青年教师的执教能力；第五，在资金许可的条件下，增加高层次培训经费，为更多的青年教师提供高层次培训的机会；第六，培训方法要灵活，培训手段现代化、最大限度激活教育资源，增强培训效果；最后，促成教师培训成果的转化，既要做好培训项目的设计与实施，还要促使教师充分发挥自我管理的能力，给教师提供有利于教师培训成果转化的工作环境。

（3）建立青年教师培训的评估机制、约束机制和激励机制。

为了保证高校青年教师的培训质量，必须要建立教师培训质量的评估机制，及时检验教师培训是否达到预期目标，并将评估结果反馈给培训机构和受训教师，以利于培训工作各环节的改进。为了激励教师积极参加培训学习，还应采用足够充分的激励手段，将培训取得的成绩与教师的晋升、待遇挂钩，使教师培训由被动要求变主动请求。在激励的同时还要加强对受训教师的合同管理，以防人才流失。

4. 建立健全高校青年教师绩效考核体系

绩效考核是指考核主体对照工作目标和绩效标准，采用科学的考评方法，评定员工的工作任务完成情况，员工履职程度和发展情况，并将评定结果反馈给员工的过程。高校青年教师的成长是一个长期的过程，需要在教学实践中不断积累教学经验，提高执教能力。青年教师从入职到成长为一个合格的高校教师不是依靠一两年的青年教师导师制就可以完成的，高校人事部门需要针对青年教师的特点和优势，明确青年教师的绩效考核标准，明确青年教师绩效考核指标（如表4所示），进而建立健全针对青年教师的绩效考核体系。

表4　高校青年教师绩效考核指标

<table>
<tr><th>一级指标</th><th>二级指标</th><th>三级指标</th></tr>
<tr><td rowspan="4">综合素质指标</td><td rowspan="2">专业素质</td><td>知识水平</td></tr>
<tr><td>专业能力</td></tr>
<tr><td rowspan="2">思想道德素质</td><td>道德品质</td></tr>
<tr><td>职业修养</td></tr>
<tr><td rowspan="9">教学指标</td><td rowspan="3">教学工作量</td><td>教学情况</td></tr>
<tr><td>指导学生</td></tr>
<tr><td>实践教学</td></tr>
<tr><td rowspan="6">教学质量</td><td>教学态度</td></tr>
<tr><td>教学思想与内容</td></tr>
<tr><td>教学艺术与方法</td></tr>
<tr><td>教学效果</td></tr>
<tr><td>教学质量</td></tr>
<tr><td>教学改革</td></tr>
<tr><td rowspan="6">科研指标</td><td rowspan="3">科研项目</td><td>项目级别</td></tr>
<tr><td>项目数量</td></tr>
<tr><td>项目经费</td></tr>
<tr><td>论文著作</td><td>数量、级别</td></tr>
<tr><td rowspan="2">科研指标</td><td>获奖、专利</td></tr>
<tr><td>成果推广应用</td></tr>
</table>

续表

一级指标	二级指标	三级指标
社会服务指标	参与社团工作	社团级别
		任职情况
		参与次数及效果
	参加会议	会议级别
		参加数量级成果交流
	公益性讲座	举办次数
		实际效果
	参加社会服务	服务类别及次数
		服务实际效果
自我能力培养指标	参加培训课程	培训类别、次数
		取得效果
	专业技能提升	新技能证书或证明
		实际运用能力

参考文献

[1] 肖玉梅、马晓雪：《民办高校青年教师绩效管理模型初探》，载《濮阳职业技术学院学报》2010 年第 12 期。

[2] 邢周凌、周文斌：《基于高校战略的人力资源规划研究》，载《现代教育科学》2008 年第 4 期。

[3] 王银芬：《高校青年教师培训中存在的问题透析》，载《科技信息》2007 年第 23 期。

马克思主义哲学方法论在高校班主任工作中的应用

吴承忠

马克思主义哲学是科学的世界观和方法论，它把唯物论和辩证法、唯物主义自然观和唯物主义历史观有机地结合在一起，形成了辩证唯物主义与历史唯物主义的理论体系，马克思主义哲学是对各门具体科学的高度概括和总结，并对各门具体科学研究提供科学的方法论。如果在高校班主任工作当中能够适当合理地运用马克思主义哲学的方法论，势必对班主任工作以及学生的管理工作起到积极的作用。下面就在班主任工作中的一些体会和感悟，谈谈自己的看法。

一、物质与意识的辩证关系原理，要求班主任在学生管理工作中要正确了解和认识学生

马克思主义哲学关于物质与意识的关系是，物质决定意识，一是对物质具有反作用，正确的意识对物质具有促进作用。这一哲学原理在方法论上的体现就是一切从实际出发，尊重意识的作用，树立正确的意识。因此，在班主任工作中首先要了解学生的真实情况，特别是新生刚入校时，作为班主任要认真翻阅学生档案，了解每一位学生之前的学习情况，有无奖励或处分以及他们的家庭背景（如父母受教育情况、学历层次、是否单亲家庭等信息），掌握新生的第一手材料。在此基础上，班主任可以初步形成对每位同学的正确认知，进而形成有针对性的、正确的引导和

教育的方法策略。对于班内学习成绩比较落后的学生以及单亲家庭的学生更要引起班主任的重视，因为他们往往是班内不安定因素的重要组成部分，这部分同学在学习、生活和心理等方面是否能够健康、稳定的发展，对于整个班级的稳定至关重要。为此，作为班主任一方面对于这个团体要给予高度的关注，另一方面要针对他们的特殊情况制定一个循序渐进的指导策略，帮助他们逐步摆脱学习上的困难和心理上的阴霾，要多找任课教师询问他们的学习状况和课堂表现，多关注他们日常行为的表现，及时发现问题并加以解决，将问题消灭于萌芽，同时也可以建立一帮一互助组，用比较优秀学生的行为来影响他们，使这些问题学生逐渐找到自我，认清自己发展的方向和前进的道路。我认为班主任工作的最高境界就是不使一个人掉队，学生身心全面健康发展。

二、运用联系的观点和学生建立良好的关系，成为学生学习生活中的良师益友，成为学生的引路人、领导者和合作者

马克思主义哲学普遍联系的观点指出：世界上的一切事物处于普遍联系之中，其中没有任何一个事物是孤立存在的，整个世界就是一个普遍联系的统一整体。

作为班主任在工作中势必要与所带的班级产生联系，如果班主任不主动利用这种联系走到学生中去，也就不能及时了解学生的所思所想，这样就会使班级管理工作变成闭门造车的局面，使班级管理不可避免地出现盲目性和主观性，班主任在工作中会变得十分被动，总是像消防队员一样，班内出现了问题才忙于处理。如果班主任能经常性地走到学生中去，与学生建立良好的师生关系，不仅可以预见某些问题的发生，同时在与学生经常性的接触中用自己的人格魅力来潜移默化地影响学生。大学生活对于

每个人来讲都是一个重要阶段，对学生的人生观和价值观的形成起到至关重要的作用。经过十多年的寒窗苦读，终于走进大学的校门，对于学生（特别是新生）一切都具有新鲜感。因此，作为班主任要给予学生及时的指导，指导他们如何开始崭新的大学生活。由于学生年轻，经常会遇到许多人生的重要抉择，面对这些抉择，学生有时会感到困惑和迷茫，自己仿佛站在人生的十字路口而不知所措。这时，需要班主任及时出现在他们的身边，为学生指点迷津，引导学生走上健康成长的道路，从而避免人生当中的许多弯路。因此，班主任要在接触学生过程中充当引路人的角色。

在中国这种应试教育体制下，许多学生经过小学、中学的苦读，学习热情和对知识的渴望在进入大学校门之前几乎耗尽，在进入大学后，许多学生存在过度放松自己，以为大学的学习可以很轻松地完成，从而把大部分精力和时间投入到其他方面而忽视自己的学业，经过一年以后，因学业成绩不合格而被学校处理的学生大有人在。因此，班主任在新生入学时就要强化学生的身份意识和学习意识，让学生知道虽然大学生活丰富多彩，但学业能否顺利完成仍然是学生的第一要务，并在学习方法和学习手段上对学生给予指导，使其能顺利完成高中学习向大学学习的过渡。班主任要成为学生学习中的良师益友。

一个班级是否拥有强大的凝聚力关系到一个班级的班风和班级的整体形象。班主任在班级管理中要充当领导者，又要充当合作者，只有将两者很好的结合在一起，班主任才能将自己的教育目标和教育理念灌输给学生，使学生自觉自愿的接受班主任的教育思想。作为班主任首先要消除自己和学生之间以及学生与学生之间的因各种客观因素而产生的隔阂，如经常性的训导学生，学生因学业成绩的好坏或不同地域而产生的矛盾和冲突。选拔一些品学兼优的学生组建一支具有强大战斗力的学生干部队伍充当班主任的得力助手，以达到班主任可以遥控班级以及锻炼学生自我管理能力的目的。作为班主任如果总是在学生面前摆出一副高高在上的态势，容易使学生产生反感，这样的班主任在学生面前是不会聆听到学生的心声的。因此，班主任不仅要当好学生的领导者，同时也要成为学生的合作者。班主任要把自己当成班内的一名成员，团结班级的每一位成员，把班级变成一个团结向上，相亲相爱的大家庭，而不是散沙一盘。使学生感到班主任既有权威，又平易近人，这样学生才安心、踏实。

三、用发展的观点看待班内的每一位同学，让所有的学生都在表扬和鼓励中快乐的学习和成长，做好后进学生的转化工作

马克思主义哲学认为，一切事物都处在永不停息的运动、变化和发展的过程中，整个世界就是一个无限变化和永恒发展着的物质世界；发展就是新事物的产生和旧事物的灭亡。班主任在实际工作中要用发展的观点看待每一个学生，哪怕是你认为班里最不上进的学生。用心发现所有学生身上的闪光点，甚至将这些闪光点加以放大。学生的微小进步都值得，也都应当得到表扬与鼓励，特别是对那些比较落后的学生，这样的表扬和鼓励会使他们产生巨大的前进动力，追赶上班级前进的步伐。

当然，在后进学生发展的问题上，班主任也不要过于心急，因为任何事物的发展都是前进性与曲折性的统一，事物发展的总体趋势是向前的，而发展的道路是曲折的。后进学生在其成长的历程中也要经历这样一个过程，也会出现不断地反复，但班主任只要坚定信心就会看到学生身上蕴藏的巨大潜力和能量。

同时在对后进生进行转化工作的同时，要充分利用内外因辩证关系原理，积极调动学生自身的因素以及一切可以利用的外部

因素来促进后进生的转化。充分调动后进学生学习的积极性，并及时与任课教师和学生家长取得联系，让他们了解学生的实际情况，在课堂教学和校外积极配合学校督促学生的学习和生活。

四、在热爱学生与严格要求学生的辩证博弈中，让学生健康、快乐的成长，为社会培养合格的建设者

班主任热爱自己的学生是理所应当的，我认为对学生的热爱应当是真诚的，这种真诚体现于对学生教育过程中的耐心、热心、细心和信心。切实始终如一地、满腔热忱地做到循循善诱、诲人不倦、润物无声。热爱学生不能偏爱，偏爱就可能失掉自尊，失去和谐，任何偏爱都会失去爱的教育力量。因此，这种爱不能只对个别少数学生，应当毫无保留地将自己的爱奉献给全体学生。

爱学生不等于对学生可以不严格要求，而放任自流，爱学生的同时班主任一定要对学生进行严格的要求，要对学生高度负责。“教不严、师之惰”、“严师出高徒”就是这个道理。实际上，对学生的严格要求也是爱学生的一种体现方式。

五、根据实践决定认识的原理，鼓励学生积极参加社会实践活动

马克思主义哲学认为，实践是认识的来源、动力、目的、检验标准，是认识的基础，认识依赖于实践。人们从实践中获得认识、发展认识、检验认识，并用认识去指导实践。实践决定认识的原理，要求班主任鼓励学生积极参加社会实践活动，在实践中运用自己所学的知识指导实践，同时在实践中检验自己所学，在今后的学习中不断补充和完善自己的知识体系。

学生在校所学的专业知识最终要变成将来生存的手段，但在校学习的知识毕竟和将来的职业活动有一定的差距，有时甚至会有“书到用时方恨少”的感觉。因此，为了缩小这一差距，使学生能够在短时间内适应将来的职场生活，作为班主任必须在学生在校期间鼓励他们尽可能多地走出校门、走向社会，通过不断的实践活动来丰富自己的知识体系，完善自己的知识结构。按照用人单位对员工的要求，指导学生的在校学习，这样，学生就可以在毕业之前在专业知识方面做好比较充分的准备，在应聘和工作中占得先机。

六、通过人生的真正价值在于对社会的贡献原理，帮助学生树立正确的人生观和价值观

通过人生的真正价值在于对社会的贡献原理，班主任应该帮助学生树立正确的人生观和价值观，鼓励他们做能为社会带来正能量的建设者。

人生价值包括两个方面：一是个人对社会的责任和贡献；二是社会对个人的尊重和满足。人生的价值首先在于对社会的贡献，原因是：

1. 它是社会存在和发展的基本保障；
2. 是人生价值的基本标志；
3. 是人生价值的可靠标志。

衡量一个人的人生价值，既要看他在物质方面对社会的贡献，又要看他在精神、思想道德方面对社会的贡献。这一原理要求我们在对学生的教育中，一定要学生发挥主观能动性，在为祖国繁荣、民族振兴中，不断实现和提高人生价值。

人是人类社会存在和发展的基础，同时又是生产力中最为活跃的因素，人的素质的好与坏、高与低直接关系到一个民族的兴

与衰、昌与败，作为为国家培养建设者的教育工作者，所肩负的责任与历史使命不言而喻。在我们的教学工作和学生管理中若能掌握科学的方法，切中要害、有的放矢地对学生加以教育和引导。马克思主义哲学作为各门具体科学的指导，为我们提供了科学的世界观和方法论，只要我们能加以正确的运用，就能使学生按照我们培养的目标和国家的需要健康快乐的成长。中华民族的振兴将指日可待，中国梦的实现将指日可待。

参考文献

［1］陈先达、杨耕：《马克思主义哲学基本原理》，中国人民大学出版社 2010 年版。

［2］中共中央宣传部理论局：《建设有中国特色社会主义若干理论学习纲要》，学习出版社 1998 年版。

［3］周健临：《管理学教程》，上海财经大学出版社 2001 年版。

深化高校教师岗位聘任制改革 推进人才队伍建设

李玉兰

高校实施教师岗位聘任制管理，是进一步深化人事制度改革、创新内部管理体制机制、优化人力资源配置的重要举措。教师的岗位聘任制改革就是在科学设岗、竞聘上岗的原则下，对教师队伍不断进行甄选和优化的过程，以岗位为切入点，实现人员的“竞争”与“流动”，真正建立“人员能进能出”、“职务能上能下”、“待遇能高能低”的竞争与激励机制，实现“优胜劣汰”。

一、高校教师岗位聘任制的内在制度设计

从本质上说，“岗位聘任制度”是由三种基本制度组成：一是聘用制度，主要是指“聘用合同制”，体现的是用人单位和劳动者之间建立的劳动合同关系，当然，高校属于事业单位、有别于企业，高校和劳动者签订的是聘用合同，这种关系的建立是相对于过去的“终身任用制”，解决聘任制度实施过程中“人员能进能出”的问题。二是职务（岗位）聘任制度，职务是针对岗位而言，没有岗位，就无所谓职务，只有聘任到具体的岗位上才具有相应的职务。岗位聘任制相对于过去的“职称终身制”。顾名思义，“职称终身制”是“一评定终身”，是一种在计划经济体制下发挥过积极作用的评审制度，但随着市场经济的逐步确立，要求必须建立与之相适应的人才流动机制，而“岗位聘任制度”解

决的就是“人员职务能上能下”的问题。三是岗位分配制度，相对于过去的“身份分配制”，目的是根据岗位职责，建立与业绩挂钩的分配制度，解决“待遇能高能低”的问题。

总的来说，岗位聘任制度就是要彻底打破“终身制”，解决高校用人效益不高、资源配置不合理、人才队伍活力不足的状况。具体而言，这种制度的内在设计主要涵盖下列内容：

（一）岗位设置制度：科学设岗，优化结构

岗位设置是聘任制度的基础，岗位设置合理与否直接关系到学校各类资源配置是否合理，关系到教师职务聘任制实施的成败。教师岗位设置要遵循国家规定的设岗原则，在给定编制范围内，以学科专业建设为基础，以教学科研任务为依据，结合学校办学宗旨、发展规划和实际状况，科学合理地设定教师岗位结构比例和岗位数量。

（二）公开招聘与择优聘任制度：公开招聘，广纳贤才

公开招聘与择优聘任是聘任制度的核心，是高校人事制度改革的重要内容。面向社会公开招聘，通过校内外人员的应聘、竞争、选拔，促进人才合理流动，有利于选贤任能，有利于大学与大学间、大学与社会间不同学术流派和不同学风的交流。同时也克服了以往用人上的不正之风，打破了高校选人、用人的局限，拓宽了选才渠道，把住了人才的“入口关”，将高校真正需要的人才引进来。

（三）教师考核评价制度：规范评价体系，科学考核

实践证明，任何一项制度，如果考核跟不上，该制度就形同虚设。

制定科学的考核评价标准，是岗位聘任后需要进一步加强规范管理的工作重点。考核环节是否公平、公正、公开，关系到高校能否聘任到最合适最优秀的人才。在具体的考核方法上，应根据学科类别、岗位类别及教师职级的不同，采取定量与定性、重

点考核与全面考核、年度考核与聘期考核、原则性与灵活性相结合的考核评价模式。在考核指标设计上，既要注重专业能力的考核，也要注重师德学风的考核；既要考察科研学术，也要考核教学情况；既要严格要求，也要体现人文关怀。在考核结果的运用上，关键是要处理好教师个人的职业生涯发展和学校整体建设目标之间的关系。

（四）聘用合同制度：依法聘任，合同管理

合同管理是聘任制的法律形式。为使高校的聘任制规范化，教师聘用必须以合同的形式加以确立，即实行合约管理。按照《教师法》、《教育法》、《高等教育法》等政策法规的相关规定，学校在平等协商的基础上与受聘人员签订合同，明确双方的权利和义务。

二、抓住关键环节加快推进高校岗位聘任制改革

推行高校教师职务聘任制度改革，根本在于从制度上落实“人才资源是第一资源”的理念，形成良好竞争机制和用人环境，促进高校人才队伍建设，推动人才强校战略的实施。这项制度真正推行以来，取得了一些成效，但深层次矛盾与瓶颈性问题仍亟待解决，需要从关键环节入手，通过制度再设计再创新再优化，为其深化发展提供强劲动能。

（一）岗位聘任要设置“准入”制度

我国高校教师岗位聘任制存在的重要问题之一就是“准入”制度的缺失。新聘任的教师仅仅凭一次试讲合格便能进入教师队伍，至于是否真正适合在高校长期从事教学与科研工作，在聘任之后缺乏监控措施，结果往往是一聘到底。针对这种制度缺失，可以参照美国等发达国家的做法，建立“准入”制度，即对于新聘任的教师设置3—5年的“准入”期。在“准入”期内，教师

个人可以在具体的教学与科研工作中提高自己，认知自己是否适合该岗位工作；学校也应考察教师的实际教学科研能力，评价其是否具备胜任该岗位工作的能力。对于不适合者，可结束准入期，让其改聘到其他岗位或退出教师队伍。从长远看，“准入”期制度对教师和高校而言是双赢，有利于优化配置高校教师人才队伍，也有利于教师本人自主择岗。对教师的选拔从原来的“具备什么条件可以成为教师”转变为“什么样的人适合做教师”，这就是对人力资源进行优化配置，真正做到人尽其才，才尽其用。

（二）岗位设置要与学术发展相结合

岗位虚设是我国高校教师岗位聘任制实施过程中普遍存在的问题。岗位与职务脱节，岗位设置没有起到应有的作用。为此，岗位设置应与学术发展相结合，坚持学术标准第一，服从服务高校学术发展，努力提高教师队伍的核心竞争力。学校在院系高级岗位设置中，可以采用基本岗位与调节岗位相结合的办法，基本岗位考虑科研教学工作任务的需要，调节岗位则根据学科建设的需要确定。

（三）考核评价制度要与学术自由相结合

教师考核评价制度设计要遵循学术自由的基本原则，需把握好以下几点。一是采用发展性评价方法。注重对教师的潜力和日后可能的进步而提供相对宽松的学术环境，避免学术短视行为，使优秀的人才能得到自由而充分的发展。二是采用多种评价主体相结合的办法。评价主体一般应包括专家、行政领导、学生、同行，不同评价主体可以从不同视角对教师做出客观、公正而全面的评价，避免“一言堂”局面的出现。三是学术评议要具有相对的独立性。应建立相对独立的学术评议机构，用以对教师的学术水平进行客观公正的评价。

（四）处理好行政决策和学术决策的关系

在岗位聘任制实施的过程中，学术决策和行政决策是两套并行的机制。在高校的岗位聘任、人才评价等众多重大事务中，这两者的界限实际上很模糊，甚至被忽略。相关学科的专家与学者少有机会参与学校的聘任决策，造成聘任过程中行政权力因素大于学术考量的状况。从中国现有国情、校情出发，建立在校党委领导下的行政决策与学术决策有机结合的教师聘任管理体系是一条可行之路。准确地说，是要适当淡化教师聘任过程中的行政管理权重，而突出强化学术决策的作用，让这两套机制并行不悖，协调统一，各自发挥应有的作用。

（五）处理好岗位聘任制与相关配套政策的关系

就高校目前现状而言，岗位聘任制改革是人事制度改革的核心，是高校改革的内部制度设计。一项改革成功与否，必然受到与之相关因素的制约。所以，不仅要重视内在制度建设，还要重视外部配套制度的影响，避免教师职务聘任制成为“空中楼阁”。

三、以推进教师岗位聘任制度改革为核心，结合人才引进、人才借智与人才培养，进一步优化师资队伍的整体结构

深化高校教师岗位聘任制改革，就是要建立一种人才竞争与激励机制，目的在于形成一种开放竞争、科学高效的选拔机制，实现高校师资力量的优化配置。人才引进、借智与培养是聘任制度的内在要求，其目的与聘任制一样，都是为了提高师资队伍的素质，优化师资队伍的整体结构。

（一）进一步健全竞争与激励机制，激发教师队伍活力

对于高校而言，提高教师队伍整体素质、改善师资队伍整体结构是师资队伍管理的核心内容。如何提高管理手段和改善管理

策略对教师的行为动机进行激发、调动教师的积极性与创造性是管理者必须要思考的一个重要问题。高校教师岗位聘任制的功能取向，就是引入竞争机制，强化岗位管理，打破“铁饭碗”，解决高校用人效率不高，人才资源配置不合理、队伍活力不足、人才的积极性和主观能动性难以充分发挥等问题。

（二）结合人才借智与人才引进机制，优化师资队伍结构

不求所有、但求所用，即“专兼结合”的灵活聘任方式，是现在高校青睐的一种“人才借智”用人模式。通行做法是在岗位设置过程中，预留一定比例的机动岗位用以“借智”，即“智力引进”来充实教师队伍。通过聘请国内外知名专家、学者作为兼职教授、名誉教授、客座教授，抑或相互之间进行项目合作、科研合作、学术交流，等等，不仅在短时间内能够实现优质资源共享、博采众家之长、促进学术繁荣与学科发展的目的，同时也在扩大教师眼界、开拓教师学术思路、促进校际相互合作等方面能发挥积极的作用。从这一用人模式推行的实际效果看，还需在借智的同时完善配套措施，确保双方权益受到应有保障，形成良性循环局面，避免借智流于借名。

采用“刚性引进”或“柔性引进”相结合的“人才引进”用人模式是优化师资队伍结构的另一种途径。这种模式以其周期短、见效快且选择余地大等优势成为各高校当前的通用做法。通过这种方式，高校能依据岗位所需，面向社会、充分遴选、严格标准，将人才引进来充实教师队伍。这种做法一则有利于在短时间之内将急需的人才为我所有、为我所用，及时满足教学科研的需要；二则可以避免高校师资队伍中出现“近亲繁殖”现象，从“入口”上为高校师资队伍职务、学位、年龄、学缘等结构趋于合理化、科学化提供制度保障。

（三）进一步构建多层次、全方位的人才培养培训体系，优化师资队伍结构

对于高校教师而言，不论教学和学术水平处于何种程度，只有不断学习更新现有的知识内容和结构，才能在信息社会的今天立于不败之地。优化师资队伍的结构，在人才引进、人才借智的基础上，大力加强师资队伍的培训，建立并完善教师培养培训体系成为必须。一般而言，高校通行的师资队伍培养培训主要通过以下几种途径实现：一是鼓励教师在职攻读硕士、博士学位，提高学历学位层次，优化师资队伍的学历结构，改善教师队伍的学缘结构；二是根据学科专业发展的需要，鼓励教师参加短期研讨班，不断更新专业知识、了解学科前沿发展动态、更新教学内容和方法、拓宽知识面；三是鼓励教师参加以培养骨干教师为主的骨干教师研修班；四是推荐骨干教师到国内外大学做访问学者等。以上种种措施，都是努力将在职进修与职前培养、学历学位进修与岗位培训有机地结合起来，为各种层次的教师不断进步营造良好的人才成长氛围。

高校教师的岗位聘任制改革是一项十分复杂的系统工程，涉及我国社会和高校的方方面面。我们要以科学的发展观和人才观为指导，坚持在改革中促发展，在发展中求创新，进一步推进教师岗位聘任制改革，努力把教师岗位聘任制工作提升到一个新的层次，从而促进高校人才队伍建设。通过不断的制度创新，努力形成一种开放、竞争、可持续发展的用人环境和管理体系，力求营造一个能让人才脱颖而出的制度环境。

参考文献

[1] 苏静：《推进高校教师职务聘任制的思考》，载《中国高校师资研究》2006 年第 4 期。

[2] 李华：《山西普通高校师资队伍结构现状与优化对策》，

载《山西高等学校社会科学学报》2007 年第 1 期。

[3] 张光：《高校师资队伍存在的问题及对策》，载《辽宁工程技术大学学报》2006 年第 6 期。

[4] 张慧明：《高校师资队伍建设的战略思考》，载《现代教育科学》2002 年第 7 期。

[5] 郑发展：《试析普通高校的人才战略》，载《河南社会科学》1999 年第 4 期。

[6] 钱春芸：《高校岗位聘任实施中的问题探析》，载《中国科技信息》2005 年第 10 期。

[7] 徐晓忠、徐小军、傅锦彬：《国外高校教师聘任制的特点及启示》，载《中国高教研究》2004 年第 7 期。

附录：专家学者在人力资源管理研究所2013年6月14日召开的“人力资源管理前沿问题”研讨会上的发言整理稿

刘福垣，著名经济学家，国家发展和改革委员会宏观经济研究院研究员，博士生导师，国务院政府特殊津贴专家，现任中国人力资源开发研究会会长。曾任中国社会科学院农发所所长，国务院特区办公室任研究室副主任，宁波市副市长，国家计委经济所所长，国家发展和改革委员会宏观经济研究院常务副院长兼体制改革与管理研究所所长等职务。

刘福垣：人力资源开发和管理研究要面向企业、面向一线、面向实际，这完全符合我国“十二五”规划提出的经济结构战略性调整和转变经济发展方式的目标和要求。

人力资源开发和管理研究一定要走向企业、面向实际、面向基层，而不能只停留在学术研究的范围内。我国正处于计划经济向市场经济转型时期，经济结构战略性调整的基础在企业，转变经济发展方式的目标必须落实到基层。

现阶段我国的人力资本积聚和人才队伍建设中，最稀缺的是企业家队伍和职业经理人队伍。我们的研究也要面向他们来展开，这是现代化进程中的大势所趋。温州、台州和鄂尔多斯等地发生了因高利贷所引发的危机，其中最重要的原因就是人才发展的战略重点没有抓住。社会需要高素质的企业家队伍，却让一些低素质的人实现了暴富，他们完全依靠拉关系等非正当手段来攫取财富，这样的财富积累最终会造成贫困的积累。

另一方面，人力资源开发和管理是一门实践性很强的科学，只有在社会实践中、在企业的应用中才能丰富和发展。目前，一些所谓的发达地区还在和中部等欠发达地区争夺农民工。其实这些“发达地区”真正缺乏的应该是高素质的技术人才，发生大学生用工荒才是其真正发展的体现。这反映出我国在资本高速积聚的同时，企业家队伍没有建立起来，产业工人队伍的素质有待提高。因此，人力资源开发不能只是坐在象牙塔上进行抽象的研究，而应该具体落实到建设企业家队伍和提升产业工人队伍素质上来。

因此，人力资源开发和管理的重点是研究对象的选择，企业家、职业经理人、技术工人、农民工等都是值得研究的，选择好对象，把他们放到企业实践中进行深入的研究。这样就可以在人力资源管理市场分工领域中树立自己的品牌，抢占一个学术或市场应用的制高点，取得一个不可替代的市场地位。

我这样说，并不是要否定理论研究及其作用，而是强调理论联系实际，提倡产、学、研相互结合，共同推进人力资源开发和管理，扎扎实实地把我国建成人力资本的强国。

杨宜勇，国家发展和改革委员会社会发展研究所所长、研究员、博导，国务院政府特殊津贴专家。兼任中国劳动学会副会长，中国社会学会社会发展与社会保障专业委员会理事长，中国工程咨询协会注册咨询工程师（投资），国家人口和计划生育委员会专家委员会委员，中国人民大学、首都经济贸易大学、辽宁大学博士生导师等。

杨宜勇：毛泽东曾提出在 2049 年，也就是新中国成立 100 年的时候，完成中华民族的伟大复兴。我和同事对民族复兴指数的测算结果显示，2010年中华民族复兴指数为0.6274，已完成62%的复兴任务。这是我们做的第二次测算；第一次是2007年，那时发布的数字为46%，经过几年的发展，这次提高了16个百分点。我的这个监测体系通过建立三级监测评价指标体系，来实现对中华民族伟大复兴的监测评价，一级指标为民族复兴指数，二级指标包括经济发展、社会发展、国民素质、科技创新、资源环境、国际影响等6个方面，三级指标由GDP与人口份额的匹配度、恩格尔系数、基尼系数、人均教育年限、万人拥有专利申请量、森林覆盖率、国际竞争力等29项指标构成。

我主张用量化的数据说明问题，我的这个研究就是用量化的数据来表示难于量化的指标，国外的一些研究，美和丑都可以量化比较。我想我们的社会主义优越性是需要一些数字来体现的。包括北京精神里，城市的包容性也是可以监测的。我们可以比较本地人和“北漂”的收入和福利待遇。只是在量化的过程中，研究要有一定的学术性，是严谨的学术成果，不能作为炒作或者装饰的数据。

莫荣，人力资源和社会保障部国际劳动保障研究所所长，研究员，学术委员会主任，“新世纪百千万人才工程”国家级人选，享受国务院政府特殊津贴，是我国著名的就业问题专家和经济学家。兼任中国劳动学会企业人力资源专业委员会会长，中国就业促进会专家委员会副主任，《中国劳动》杂志主编，中国人民大学、南开大学、首都经济贸易大学博士生导师。

莫荣：作为学术研究机构的人力资源管理研究所，定位与发展是最重要问题，要以需求为导向。研究所服务首都经济的定位很好，在此基础上，按照首都经济发展对人力资源管理的需要，制定本所的研究领域和方向，再将人员与方向匹配，就形成了研究所的整体结构框架。研究方法上要从使用数据模型的微观研究向大数据时代下的宏观研究转变。因为数据模型的建立太过复杂，难于理解，而且研究的问题简单，复杂的问题难以模拟。这种方法得到的结果不能直接用于决策，缺少应用价值，刘易斯拐点、人口红利等理论就不适应中国国情。大数据理论从问题的相关性出发，不研究因素间的因果关系，在海量数据的支持下，能够得到较实用的结论。研究可以从大学生就业问题、农民工问题、定员定额问题方向着手，研究所成员需要多参与研讨会及实践活动，拓展视野，提升思维高度。

就业是民生之本、安国之策。改革开放以来，我国城乡就业规模不断扩大，就业结构不断优化，公共就业服务体系不断发展完善，体制转轨和结构调整中下岗失业人员的再就业问题得到成功解决，劳动者素质有所提高，就业工作取得了巨大的成就。但是，我国仍将长期面临严峻的就业形势，表现在：劳动力供大于求的基本格局长期存在；就业的结构性矛盾越来越突出；新成长劳动力、农村富余劳动力、下岗失业人员“三碰头”导致就业矛盾更加突出。就业问题依然是领域内的重点研究问题之一。

李广义，北京物资学院、教授，主要研究方向为工作分析与岗位评价、人力资源管理测评方法研究、社会保障等，是国内劳动定员定额领域的专家。

李广义：物流专业是北京物资学院的龙头专业，学校的教学科研都以此专业为基础开展。我们人力资源专业建设也围绕着这个专业开展，目前取得了一点成绩。我们的研究所组织人员对北京物流行业的人力资源管理状况进行初步研究，做了一个行业报告，参与项目的研究人员都发表了相关的研究成果。这个经验告诉我们人力资源要服务特定行业，并且在团队建设中，要充分调动研究人员的积极性，发挥他们的作用。所以学术前沿问题离不开特定的行业，没有行业支撑，再前沿的问题也无从下手。确定了研究行业后就要为学术研究机构也就是研究所定位，研究什么，做什么，怎么做是需要解决的重点问题，要研究之前没有做的或者做的不多的方向，还有大家不愿意研究的方向。而对于团队中的成员，我还有一个建议，让他们到企业中实践或者兼职，研究所与企业对接，由研究所承担企业项目，对接的载体是研究中心，每一个中心对一个企业负责，校方和企业各自派出负责人组成项目负责人，充分利用成员的特长，采用专业结合特长的模式，参加对外交流。经验表明，这种方式使得我们的研究人员的科研能力和水平得到快速增长。

曲立，北京信息科技大学经济管理学院副院长、教授。担任中国优选法统筹法与经济数学研究会工业工程分会理事、全国劳动定额定员标委会专家、机械工业劳动定额定员标委会专家、副秘书长。

曲力：对于人力资源管理领域的研究与实践，我建议对北京高校人力资源管理学术研究资源进行整合。目前，对于北京市属高校而言，要想取得大的科研成果，有必要以各高校的研究所为纽带，将北京地区人力资源管理专业联系起来，对北京高校人力资源研究所整合，建立一个大的共享平台，定期交流，互通有无，共同推动北京高校人力资源管理专业的发展。这样一个人力资源管理体系可以集合大家的智慧，寻找新的增长点和发展依托。

除此之外，在研究方向上，各高校可以用人力资源管理理论研究解决学校自己的问题，为学校的专业建设、人才培养、就业等问题提供参考，形成学术、科研和教学三位一体的战略体系。

后　　记

人力资源管理研究所自成立至今已走过了整整9年的历程，在研究所同仁的共同努力下，研究所明确了“以北京地区政府与企业关注的和需要解决的人力资源管理相关问题为导向，突出应用性研究，服务北京经济发展”的发展定位；形成了以人力资源管理技术与方法、人力资源开发、劳动就业与劳动关系三个方面为核心的研究方向和与之相对应的研究团队；积累了比较丰富的研究经验和成果，累计发表论文170余篇，其中核心期刊80余篇，著作近20部，承担了30多项委办局、省部级及以上，以及企业委托项目；与其他高校、科研院所、研究会，以及行业、企业建立了一定合作关系，拓展了一定的对外合作、协同发展的渠道。尤其是近两年，在北京联合大学生物化学工程学院周明珠书记、张恩祥院长、赵艳霞副书记、张明贤副院长、罗晓惠副院长、于水波副院长等学院领导以及院科研处处长马榴强教授、教务处处长于春洋教授等相关职能处室领导与老师们的关心和支持下，在特聘名誉所长、首都经济贸易大学安鸿章教授的指导下，研究所得到了较快的提升与发展。

当然，在总结研究所取得的成绩与进步的同时，我们也必须看到，研究所与国内其他同类研究机构相比，无论是科研实力，还是社会影响力都还存在较大差距，为北京中小企业成长、首都经济发展服务的功能还有待提升和加强。因此，研究所将通过进一步凝练研究方向，着力在特定行业人力资源管理技术、特定群体的人力资本投资与劳动就业方面开展科研与对外交流合作工